通膨時代，我選擇
穩定致富

輕鬆跑贏通膨、躺著也賺的指數化投資，
讓你的錢錢不縮水！

理財館長、狂徒 / 合著

推薦序

新手和老手都適用的投資方法，讓自己穩定致富

文 / Ffaarr（哆啦王）

很高興看到《通膨時代，我選擇穩定致富》這本指數化投資的好書出版。

指數化投資與資產配置的結合，是對於一般投資人來說，做法相對簡單省事，且達成財務目標機會最高的投資方式。但對於初接觸這套方法或已經開始實行的人來說，也常會遇到各類的困難以及疑惑，這些因素可能讓人因猶豫而遲遲未能投入，或無法在這條路上長期堅持下去。

而本書的特色之一，即在於解釋了很多投資人的常見疑問、可能會犯的錯誤與迷思，甚至從實際上與金融業接觸常遇到的情境，做出深入淺出的探討。

此外，指數化投資人雖然投入的市場類似，也會遵循共同的投資原則，但在資產配置、ETF 標的、投入方式，以及提領計劃等方面，都可能會因為個人財務狀況目標和心理需求上的差異，而會有不同的適合做法，書中也介紹這些相關細節幫助讀者能做出合理選擇。這部分雖然不用太過鑽牛角尖追求完美配置，但務必要了解選擇的理由，並且能符合自己的需求，在指數化投資的路上才容易走得可長可久。

在本書中，兩位作者發揮各自的特長來協助讀者了解指數化投資。館長對金融界以及投資大眾的理解，以及狂徒對於投資理論和數據資料的掌握，都讓這本書更加出色。

整體而言，我認為不論是投資新手，或是已對指數化投資有一定認識的人，都能藉由本書的介紹獲得啟發與實際的助益。

2022 年因全球通膨等因素，是全球股債市場表現較差的一年，也是對於指數化投資人投資紀律的一個考驗，但如果大家能充分理解本書講述的觀念和做法，相信能順利渡過市場的下跌，持續走向穩定致富的路。

序 狂徒

強化自己，
是最好的投資

我，狂徒。

人生幾何，快意恩仇。我一向喜歡嘗試各種有趣的活動，也多次在生死邊緣體悟活著的美好。我常常半夜臨時起意出門，當天中午已經在外地機場降落；我也常自己駕車兜風，晚上已經跨越千餘公里到外省、郡或州。我不需要依靠衝動或儀式感，也不需要對誰解釋自己的「狂徒計畫」。一直以來，我都有一堆天馬行空的想法，所以同儕說我是瘋子，但當我依照內心想法完成目標時，別人又會稱我為狂人。我習慣這種否定和羨慕的循環，也樂在其中。從不按照劇本生活，生活反而像電影情節了。

有些人喜歡安逸的生活，冒險的投資。不過，**我就喜歡穩定的資產成長，搭配瘋狂的生活。**我從不認為「指數投資」是唯一真理，我也理解投資人喜歡在市場追尋刺激的心態。不過如果各位省下時間，並把同樣的精力放到實際生活上，應該會有更輝煌的成就

和更瀟灑的人生。

　　學生時期聽過一句話，教育是最好的「投資」，但我認為事情沒有這麼簡單。如果按照「讀書、工作、賺錢」的模型，我們這群成績 PR99 的投資人，無疑都熟悉「致富方程式」的第一步。然而，我看到競爭環境之下的兩極分化，有些人放棄學習，有些人則如魚得水。我意識到，只為了追求外在名聲、地位或金錢而讀書，既痛苦又沒有意義。唯有知道自己的興趣和目標，並透過學習資源強化自己，才是真正有回報的投資。

　　或許在一些講求標準化的場合，我會比較吃虧，但是在投資市場上，我發現自己具有性格優勢。畢竟，我不在乎別人怎麼想，所以獨立思考比較不會受到干擾，可以無人性的執行投資計畫。我喜歡挑戰既有規則，樂見理論的演進，也享受逆風狩獵的快感。如果無法摒除外界雜音，我怎麼從「分批」的迷思中走出？我如何脫離曾經篤信的「技術分析」？如果只喜歡標準答案，我怎麼從 CAPM 學到因子分析？我如何理解選擇權的 Bachelier、Black-Scholes 和 Heston ？如果投資受人性影響，我哪有本事在市場上存活到現在？

　　我不是典型的投資理財「作者」。雖然之前自費寫過一本《輕鬆投資，充實生活》，不過隨之公開在網路上供人下載，也拒絕販

賣。那是因為**我不招收學生和信徒**，只喜歡透過文章分享投資相關的知識和經驗，期望有挑戰者願意提出反駁。綜觀歷來文章，我的題目包含資產配置、因子投資、量化投資、衍生品定價、槓桿投資、組合優化、書籍評論、指數化投資、常見迷思和一些生活故事，然而各位就算把我的所有文章看完，應該也無法獲得有意義的定論，反而會對既有認知存疑。為什麼？套句某投資作者說的話，「有了信仰，成了韭菜。」我總是樂於提供「反面聲音」，並鼓勵質疑，正是因為我知道聽話、順從和信仰的人，無法打下自己的江山，也不可能在市場上倖存。

這次我寫《通膨時代，我選擇穩定致富》，是因為我喜歡「玩票」，就如同我打靶、垂釣、觀星、野營、衝浪、潛水、下賽道一樣。我不追求「實質意義」，但我喜歡完成計畫、自我實現的感覺。一本茶葉蛋價格的版稅根本不影響生活，不過遠流在正確的時間找到我，寫書倒像是順應契機的冒險。共同出書，也從一個想法變成一張合約。

彌留之際，或許我全身插管。

我不用擔心「當年我為了斂財，低聲下氣的寫文章討好讀者，販賣垃圾和貧窮」。

　　相反的，我一定會很誠實的說自己幹過哪些好事情。

　　「當年，老子默默無聞，卻因為看不慣當紅作者的行為而正面踢爆。」

　　「當年，老子專搶神棍地盤，引得仇家無數，卻讓底下的助理賺到七位數。」

　　「當年，老子批評技術分析，千里單騎，結果意外結識了前自營部的交易員。」

　　「當年，老子非科班出身、沒有相關背景，結果寫到讓幾個業界朋友以為我是同行。」

　　「當年，老子寫指數投資，南征北討，把哆啦王吸引到了Dcard，還讓 YP 親自送我一本書。」

　　「當年，老子早餐吃到一半，邀館長寫一本破紀錄的書，衝擊了指數投資圈。」

　　以前媒體找我爆料，後來出版社找我合作。曾經我讀破萬卷，現在我行破萬里。人生遇到叉路，我總是選擇困難的那條，因為壯麗的風景總是人跡罕至。

　　我來過，沒怕過，在投資寫作領域也一樣。

　　再下一城，哪怕我只是路過。

序 理財館長

投資，
我們值得更好的

　　台灣加權指數從 2008 年到 2022 年上漲了將近 3 倍，聽起來是個令人振奮的消息，但現實往往是殘酷的。身處金融業第一線，我能看見每位客戶的損益狀況。出於好奇，我檢視了大家近年的操作績效——先不談有沒有人賺超過 3 倍，找了半天，根本沒幾個客戶的總損益是賺錢的。

　　當時我非常驚訝地跟幾個資深同事確認，這才知道：賠錢，就是投資人的普遍現象。旁邊屆臨退休的姐姐無奈地說：「每次看客戶交易，心情都好複雜！雖然我們的工作需要靠客戶交易，才會帶來手續費收入，但越常買賣的客戶，通常都賠越多錢，看著客戶們這樣虧損，我也好捨不得……」講著講著，看盤大廳的客戶們，聽了財經新聞後，又開始繼續交易，繼續他們的賠錢之旅——投資，不該是這樣的。

　　曾經，我也以為投資就是每天看 K 線圖、研究產業趨勢、關注

財經新聞……所以投入不少精力去學習，越鑽研越發現這並不是一般人有能力掌握的方法。過程中我閱讀了數十本以上的投資書籍，而後陸續受到「綠角財經筆記」、「ETF 資產配置社團」以及各個投資前輩們的啟發，發現了這套真正適合多數人的投資方法。

畢業後，我創立了「理財館長」這個社群品牌，想把適合大家的「指數化投資」推廣出去。然而，回到工作崗位才發現，客戶們早就已經習慣既有的交易思維，要能輕易改變他們並不容易。更令我洩氣的是，除了這些正確觀念不夠普及之外，由於利益的衝突，一群以販賣投資人焦慮為生的媒體與金融業者，並不樂見指數化投資的普及，不時就詆毀這套方法。一連串的局勢所逼，台灣投資環境落後國外環境數十年，看見部分台灣金融業的無知與無良，更加深了我分享的意願，而這也萌生了我出書的念頭。

我承諾，只要學會本書交給你的方法，你幾乎可以花最少時間，享受最低的風險與最高的報酬，重點是它將給你更多時間與自由，最終帶給你人生全面的成長。這本書真正從「你」的利益角度為出發點，願多年後，台灣金融投資業的風氣，會因為你我，而有那麼一點的改變。

我們，真的值得更好的。

狂徒

穩定致富，
將是你的未來

　　《通膨時代，我選擇穩定致富》是一本專為你而寫的指數投資指南。

　　在市場上賺錢有很多種方式，但我只想寫最有效率的那一種。指數投資不但適合股市中的迷途羔羊，也能讓剛入門的玩家立於不敗之地。

　　一位好奇的散戶加上另一名金融從業人員，融合質疑和信仰精神，在書中詳細說明指數化投資的特點，同時破解常見迷思，讓讀者接收市場雜訊時不再誤入歧途。為了兼顧不同面向的讀者，我們在正文之外也採用「關鍵字」和「註解」，幫助你快速吸收指數投資的基本觀念，並進一步掌握資產配置的關鍵知識。「專欄」是作者們的個人空間，內含個人觀點的闡述和知識延伸，適合新手入門、高手複習、老手分享。

　　我們從理財實務和投資觀念開始，逐步談到市場策略和資產配置，幫助讀者一步步制定最佳投資理財策略。而除了理論之外，我們也注重實際操作，因此特別分享國外投資專家的「資產配置方案」，也找來國內的指數化投資名人共襄盛舉。另外，我們在「問答環節」中回答投資人常提出的疑問，帶領你一窺最真實的投資樣貌，也確保理論和實務的融合。書末收錄的財務計畫 InBody，讓投資不再流於空談，因此當你閱讀完本書，馬上就能開始執行。

　　本書第一章從常見的理財議題切入，並說明指數投資對於人生的積極幫助。第二、三章告訴你為何選股和擇時並不是有效率的投資方法，不論從風險、報酬或風險調整後收益的角度，被動投資都有強烈的優勢。第四章屬於資產配置，討論大類資產的特性和配置方法，逐步讓讀者能夠思考自己的需求，並找出適合的方案。我們也放入國內外的模板供大家參考，而在掌握這些關鍵知識之後，回測和槓桿的章節能幫助你組合出更靈活的資產配置方案。第五、六章圍繞投資周邊的細節展開，包括開戶、手續費和心理因素等，讓你在書的尾聲也具備了實戰的能力。

　　指數投資和資產配置內容包羅萬象，因此本書兩位作者經常針對細節討論，也對於回測、圖表和補充文字有嚴格的要求。我曾為了撤下一個數字，找了十餘篇論文，只為推翻國內指數圈的「共

識」；也曾為了文章的易讀性，又找了數十篇論文佐證論點。書中任一圖表，背後可能是數十億組數據；內容中的一個觀點，可能是第二十次修正後的共識。我們有過半內容，因為篇幅限制而遭刪除，但是作者和編輯仍然想透過有限的空間，呈現對投資人最有幫助的資訊。

為了讓書本內容更完美，我們聯繫業界、學界和坊間，寫了無數來回信件。所幸各研究機構、協會、教授、作者和坊間創作者都願意慷慨幫忙，讓我們有信心保證書的品質。我們當然希望每個字母、每個數字和每個符號都正確，然而由於作者們所學知識有限，內文難免有疏漏之處，歡迎各位讀者指正。

希望《通膨時代，我選擇穩定致富》能幫助你在市場中站穩，也希望我的玩票、館長的理想和編輯的努力，能讓你的資產有實質增加。

穩定致富，是我們的書名，也是你的未來。

前言 理財館長

指數化投資，
為人生迎來全面的指數成長

　　我猜你早就意識到投資理財的重要，但每次開始學習後，又覺得一切都十分困難，索性就放棄了……

　　相信我，這次會不一樣。

　　目前市場上談投資理財的文章，多半分成兩個極端：

　　第一種，太過簡單而且瑣碎。他們談的都是省錢小祕訣，例如：優惠券省錢的套路、用最節省的方式吃三餐、整理銀行的優惠利率以及信用卡回饋……等。

　　我沒有要質疑上述的方式，這些技巧可以立即看到成效，也滿足了我們內心的小確幸，是相當適合起頭的嘗試，但這終究是枝微末節的努力。

如果把上述的研究時間加總起來，換算後會發現，省下的報酬比想像中還低。

更擾人的是，優惠總是一直變動，想要搭上最新折扣，需要不斷關注這類型的消息，而這一切對我來說非常辛苦。

第二種極端，太過困難又不切實際。這群人會把投資講得天花亂墜，談到投資策略的時候，又充滿各種專業術語，然而這些方法多半難以學習、更無從複製，學到最後發現一切竟是場空，市場才沒有標準的聖杯。

是啊！投資市場根本沒有標準答案，但幸運的是——有一個策略，簡單好學習，而且你可以輕易得到跟我們一樣的績效，重點是還不需要花你太多時間。

人生本該如此，權衡局勢後，選擇對自己最有利的戰場，而後全心付出以取得佳績。

看完《通膨時代，我選擇穩定致富》後，你完全可以把大部分的時間資源，應用在提升本業上。其餘的心力投入自身興趣，你再也不用被金錢數字所綁架了。

　　這本書不會跟你談太多省錢妙方，更不會推薦無法複製的投資策略。我們會從「選股」、「擇時」和「資產配置」三大面向，來解釋指數化投資之所以有效的原因，以及後續的執行步驟。

　　更酷的是，本書收錄了國內外知名幾位作者的配置組合，作為你參考的一個標準。而且文章中的論點有理有據，絕對不是只憑感覺隨意分享。書末還根據我們經營投資理財社群多年、回答過上千則新手問題的經驗，整理了常見的 Q&A，對於入門新手來說，絕對是前所未見的重點。

　　至於我們的專欄，你可以視自己的程度延伸學習。總之，只要跟著書中的步驟逐一向前，你會深刻體會我們的用心，多年後也會慶幸自己接觸到這套觀念。

　　指數化投資，將會為你的人生迎來全面的指數成長。

目錄

Chapter **3** 買進賣出的投資金律

Chapter **4** 完美的投資組合與資產配置

Chapter 5 投資實務終極戰

Chapter 6 穩定致富的真正秘密

Chapter

1

從零開始的
指數革命

1-1

理財，讓自己擁有更多選擇

金錢有多重要：那些學校沒有教你的事

二十幾年前，媽媽牽著五歲的我走進超商。看著角落的健達出奇蛋，我小小的腦袋中響起「好吃又好玩」的廣告台詞，興奮地拿起心儀的那顆巧克力蛋跟媽媽說：「買這個！」

不料，媽媽看了價格後如此回應：「好啊，但是你要自己付錢喔。」自己付？哪裡有錢可以付呢？小小年紀的我，只好難過地跟巧克力蛋告別，這是有記憶以來，第一次體會到金錢的重要。

你的記憶中，可曾經也被金錢限制了選擇呢？童年時期的零食點心、學生時期的吃喝娛樂，再升級到手機、機車。出社會後，可能得背負家庭開支、車貸房貸，甚至是小孩的教育費用。等年紀到了，還得面對自己的退休生活。而即使到了生命的最後一刻，甚至是離開人世後，依舊得支付各種開銷。

簡單來說，生活的一切都難以跟金錢脫鉤。這無關乎虛榮，你也不需要因為提到「錢」而感到庸俗。不論你想不想承認，打理跟錢有

關的一切，就是每個人一輩子最重要的課題之一。事實上，累積更多財富並不是要滿足自己的虛榮心，而是為了**讓自己能擁有更多選擇**。

　　每個人一生都在不斷地面對各種金錢課題，然而諷刺的是，從小到大卻從來沒有任何一堂正式的課程，教導我們該如何正確投資理財。我們做的許多努力都與金錢脫離不了關係，學校與補習班教會了大家國英數社自，卻不曾上過一堂完整的金錢教育課。

　　不過只要你願意開始，投資永遠不嫌晚。在本書中，我們將會從理財實務和投資觀念切入，逐步談到市場策略和資產配置。相信本書將成為你人生最佳的金錢投資指南之一，讓你的人生擁有更多選擇。

理財之前：緊急預備金、保險、收支管理

KEYWORD

高利數位活存帳戶

與傳統銀行最大的差異在於沒有實體的紙本存摺，而且有兩大優勢：

1. 活存利率較高
2. 每月都皆有跨行轉帳免手續費的次數

建議選擇當下方便且划算的申辦即可，不必緊盯最高優惠換新帳戶。

「理財」到底是什麼意思呢？凡是關於金錢的管理運用，都屬於理財的範疇，不管是投資、保險、信貸、稅務還是收支管理皆包含在內。

本書大部分篇幅會聚焦在投資策略的介紹，而在這之前，我們想先分享幾個重要的理財概念給你。以下分享的是你學會後，就應該立刻實踐的重要概念。

一、緊急預備金

假設現在發生緊急情況，你可以馬上掏出一萬兩千元的現金來解決意外狀況嗎？2018 年，美國聯準會針對 1.2 萬戶家庭進行了調查。調查指出：大約有 40% 的家庭，無法在突發狀況下拿出等值台幣 1.2 萬元的美金。[1]這並不代表美國家庭特別貧窮，而是代表大部分的家庭，都沒有準備可以靈活應急的現金。這是一件非常危險的事情，因為你永遠無法知道明天跟意外誰會先找上門。

3 個你「必須」準備緊急預備金的關鍵原因

1. 支應未來臨時開銷
2. 暫時中斷收入的財務跑道
3. 避免打斷投資的複利累積

1　DCCA. "Report on the Economic Well-Being of U.S. Households in 2017." BOARD OF GOVERNORS of the FEDERAL RESERVE SYSTEM, May 2018, https://www.federalreserve.gov/publications/files/2017-report-economic-well-being-us-households-201805.pdf.

　　萬一遇到像是新冠疫情等突發狀況，嚴重影響收入，這時唯有足夠的緊急預備金，才能避免我們的生活受到劇烈影響。

　　至於「財務跑道」的概念，簡單來說，就是指緊急預備金除了能應付不在計劃內的意外，還可以增加財務狀況的**「彈性」**，讓你能順利奔向理想的目標──也就是前面提到的「更多選擇」。[2]

　　舉個實例：小安目前任職於房仲業。雖然工作一切順心，但她總覺得這份工作的價值和內心的嚮往不符，打算往室內設計師的方向轉換職涯。在這階段，她除了對未來感到焦慮之外，更因為沒有準備額外存款，害怕自己在原有收入中斷後，會因為急於脫離職涯空窗期，而做出錯誤的人生選擇。相反地，如果她事先就準備好足夠的預備金，在職涯中感到迷惘或倦怠時，就能更從容地面對這一切。也因為存款足以應付空窗期，她將有更佳的心態做出最適當的選擇，而這就是預備金帶來的「彈性」。

　　你可能會問，如果把錢放在儲蓄險或股票裡，能否達到同樣的效果呢？我們建議：選擇**銀行定存**或**國內高利活存帳戶**存放預備金，不要將這筆錢投入市場。因為投入市場的資金，需要時間累積複利效果。如果在短期內動用資金，不一定能獲利，甚至會害你多賠一筆。為了避免額外損失，最好額外準備緊急預備金，安心地讓市場資金幫你賺錢。

2　延伸參考：《財務自由實踐版：打造財務跑道，月光族、小資族也能過自己想要的生活》（新樂園，2020）

至於該準備多少緊急預備金？我們建議**準備 3 到 6 個月的生活費**，並評估以下四點來進行微調：

1. 工作穩定性

每個工作承擔的風險不同，例如：業務人員的收入會隨著行情或景氣而有大幅變化，務必先預想最差的狀況；基層公職的薪水和工作都比較穩定，所以相對可以準備少一些預備金。如果工作本身的風險相對較高，那事先就該做更多準備，來因應未來的變數。

2. 自己的責任

緊急預備金不該只以個人的角度出發。如果你已經成家立業，原先的 3 到 6 個月的「個人」開銷，就要調整為 3 到 6 個月的「家庭」開銷，由夫妻雙方共同負擔。常見的家庭預備金約為 15 萬到 50 萬，實際金額可以再視你自己的情況調整。

3. 是否有人能幫助自己度過危機

最理想的情況還是掌握好自己的財務狀況，不用依靠別人。但如果思考過後，家中經濟基本上都能支應緊急狀況的話，年輕人可以將更高比例的資金投入股市當中。如果你的家人已經具有風險意識，做了足夠準備，不太需要擔心家庭負擔的人，也可以不用準備太高額的預備金。

4. 資產流動性

在評估你所需的金額時，可以考慮自己其他資產的流動性。例如：股票在賣出後兩天就可以拿到錢，以流動性來說算非常不錯（但相對地，需要承擔可能賣在低點的風險）。至於房地產，或是藝術品、蒐藏品這類資產，變現速度都比較慢。 如果你持有的其他資產變現能力佳，就能提高自己面對風險的能力。

二、保險

前面有提到：你永遠無法知道明天跟意外誰會先找上門。面對一些無法預知的狀況，其實可以提前透過保險來做處理，以下列出幾個關於保險的重要建議：

1. 保險是用來保障風險，不是用來幫你賺錢
2. 保險是處理發生後你沒有足夠能力負擔的大風險
3. 先處理好眼前的風險，再擔心未來的保費
4. 保險是財務規劃重要的一環，不是賣人情的商品

有些風險發生後，會讓我們難以處理。比方說因意外失能或疾病無法工作、中斷收入，每月還多兩萬元開銷；或是不小心撞到路邊的跑車，被求償數十萬元的慘況。為了減低衝擊，只要事先規劃好保險，就能透過付出一些成本，將發生風險後的損失轉嫁給保險公司。

　　不過除非有其它特別的稅務考量，否則諸如「還本」、「儲蓄險」、「投資型保單」這類商品都不是好的選擇，而過高比例的「終身險」，通常也無法妥善解決未來的風險。保險是用來解決風險的問題，如果你希望資產累積，透過單純的投資會更為有效。

　　無論如何，你要先確保自己在當下的資產安全已經受到保障，我們建議以**「定期險」**作為主要的規劃方向。至於隨著年齡提高，導致可能難以負荷保費的問題，則可以透過其他累積資產的方式解決。切記：不要為了擔心未來，而讓當下暴露在風險中。

　　許多人會覺得「保險是騙人的啦！」這都拜過去不肖業務所賜。有不少人只是為了業績而銷售商品，卻打著財務規劃的名號，相當不可取。我們建議找尋信任且專業的保險經紀人，做完善的評估建議（歡迎私訊作者們，尋求我們推薦的保險經紀人幫助）。一個大略的參考標準是，剛出社會的新鮮人只要年繳保費約兩萬元，就能享有非常完善的保障。

三、管理收支

第一階段：掌控收支，先從正確的記帳心態開始

　　透過記錄每一筆的交易來掌握每月的花費與結餘，重新審視有沒有什麼類別佔了過大的開銷，是管控收支的好方法。

　　不過，記帳有時候也挺累人的。試想跟朋友出去玩的時候，你開

心買了一杯珍奶，插吸管之前還要先打開記帳的 APP，免得忘記這筆開銷。接著又跟一群朋友去逛夜市，吃了地瓜球、鹽酥雞、雞排、章魚燒……有些跟朋友一起平分，有些剛好朋友零錢不夠就先出，這些都有辦法記錄清楚嗎？

當下的即時記錄，可能打壞了玩樂的興致，但如果事後才記帳，又可能因為金額對不上，為了幾十元想得焦頭爛額。剛開始學著記帳時，你可能還會覺得新鮮有趣；但在嘗試一陣子後，你會發現這一點也不輕鬆，很容易因為過程太麻煩而索性放棄。這些詳細記錄每一筆開銷所付出的時間與精力，真的能讓你的花費變得更合理嗎？有沒有可能記帳變成了例行公事，你卻依舊維持既有的消費習慣呢？

因此我們有個折衷的建議，**你只需在最初的三個月，好好記錄每一筆開銷。**很辛苦、很麻煩，但就忍耐初期的三個月就好。這樣做的目的是讓你完整知道自己的收支狀況，並初步分析每月結餘、規劃未來儲蓄與掌握投資的金額。

第二階段：有意識地消費，優化收支

當你記下自己三個月的完整花費後，建議你將所有支出完整審視一遍，評估一下各類花費的比例，看看自己是否有過度支出的情況。比方說：你發現自己每個星期都跟朋友相約聚餐，造成餐費比例明顯過高，就可以思考是否要降低聚餐頻率。

分清楚「想要」與「需要」有點老調重彈，但有個很重要的觀念：

「**有意識的消費習慣**」。[3]簡單來說，就是重視自己的每一筆消費，並斷絕所有不值得的開銷。

衡量自己收支的時候，我們不應以「世俗對於該物品的評價」切入，而是該衡量「該物品對自身的價值與意義」。你大可購買其他人覺得毫無意義的東西，前提是你自己覺得物超所值。這邊提供一個小技巧：**在每次消費前，同步思考一下相同的金額花費能否帶來更有意義的滿足。**只需要多一個簡單的步驟，就能提高金錢的使用效率。

如果你只是看到同事桌上都放了一杯咖啡，就覺得自己好像也該跟風買一杯才有品味，那大可不必。金錢的使用應該是用來滿足自己的需求，而不是滿足他人的眼光。

但如果每天工作前的一杯咖啡，可以讓你一整天的工作更有效率，那就別猶豫，喝吧！只要確保自己在未來的每一筆開支，都是經過「有意識評估」而做出的選擇，就能減少無意義的浪費，同時減少花錢享樂的罪惡感。

第三階段：自律理財，累積信用

在經過三個月的練習後，我們可以進入新階段：如果你仍覺得完整記帳很有成就感，就可以持續記錄下去（衷心建議遇到幾十元差額時，請放過自己）；不過如果你是「懶得記帳」的一員也沒關係，

3　延伸參考：《從 0 開始打造財務自由的致富系統》（采實文化，2021）。

重點是做好以下幾件事：

1. 預留儲蓄與投資的金額

　　每個月一領到薪水，就將儲蓄的錢先轉到特定的銀行帳戶，投資美股的部分先換成美金，投資台股的也事先預留在扣款帳戶。如果是定期定額扣款，盡量設定在發薪日前後，讓你的錢第一時間就去該去的地方吧！

2. 利用信用卡累積信用與回饋

　　銀行為了吸引客戶，都會推出不錯的信用卡優惠，如果以現金回饋 2% 來計算，每一萬元的消費就可以多省下 200 元。雖然金額看似不多，但長期累積下來也不容小覷。另一方面，申辦信用卡並持續跟銀行消費往來，有助於提高你的信用評分，後續如果有貸款買房需求，能享有較優惠的利率。

3. 記錄並審慎考慮大筆的開支

　　只要維持「有意識的消費習慣」，幾十到幾百元的零碎開銷對資產累積的影響程度會越來越小。為了管理它們而耗費更多心力，實在不太划算；但如果是千元或萬元以上的開支，可能就需要稍微留意一下。

這些概念可以結合前述的信用卡消費，在信用卡累積回饋的過程，順帶記錄下這筆支出，後續回顧時就能輕易找到紀錄並審視評估。此外，面對比較大筆的支出，建議可以等待一兩週後再行購買。倘若只是一時衝動購物，多思考幾天可能就自己「滅火」了。

> **TIPS** ● ● ● ● ● ● ● ● ● ● ● ● ●
>
> **累積信用評分**
> 1. 跟銀行爭取，把可刷額度部分拉高，但不要刷滿。
> 2. 如果覺得自己卡太多，需要做出抉擇時，盡量留下最早期辦的卡。
>
> 其他提升信用評分的規則，可搜尋「聯徵中心 信用評分改善」。

建立正確的理財心態

綜合來說，建立「正確的理財觀念與消費意識」，是執行門檻最低的方法，也很大程度地影響著你一生的金錢課題。不過請記得：**理財的目的不是要你縮衣節食，更不是要你放棄一切享樂，而是讓你能將資源集中投入到會讓你真正感到快樂的事物上。**

適當的娛樂花費可以幫助你有更多精力開創收入，有動力、有獎勵才是一個好的正向循環。了解這些概念後，我們要進入理財的下一個階段，也是本書的核心重點：**投資**。

COLUMN

───── 館長專欄 ─────
金錢的 3 大重要用途

金錢的用途，在整個人生中其實就是資源分配的概念。我們不是要鼓勵你瘋狂儲蓄，而是要專注於正確的消費方式。

用玩遊戲當作例子，回想一下你過去玩遊戲時，會把賺到的錢全部存著，還是適當運用，創造更佳的遊戲體驗呢？應該沒有人打遊戲時，從頭到尾都不買裝備吧？當玩家升級裝備、增強攻擊力後，會讓自己的整體勝率以及賺錢效率大大提升，這其實就是一種自我的投資。

那為什麼我們還需要存錢呢？不是應該全都拿去投資嗎？繼續用遊戲的例子說明，雖然遊戲中有些裝備很便宜，但對能力加成沒有太大幫助；有些裝備價格比較昂貴，但可以提供很大的能力加成。以長期來說，這樣的「投資」反而划算。如果賺到錢就馬上花掉，那我們永遠無法買到真正有效的高級裝備。

正確的做法是：用便宜裝備度過前期，並一邊累積資源，等存到更多錢之後就升級到下個階段。不論在遊戲還是現實生活中，「有目標的存錢」以及「有意識的花費」都十分受用。

金錢的使用就是資源分配，除了思考要把金錢資源花在哪裡，何時需要這筆花費也是考慮重點。關於金錢的使用，不論是人生還是遊戲都一樣，我整理出三個最重要的金錢使用方式：

1. 買時間與精力

這就像遊戲中節省力氣的經驗加倍卡。窮人最豐沛的資源可能就是時間，而這同時也是有錢人最缺乏的資源。時間比你想像的更重要，當你累積一定實力後，可以付出一點費用省下時間與精力，更有效地運用它們。

2. 買健康與成長

這就像遊戲中加速通關效率的裝備。這類花費的用途是讓自己獲得增長，也就是所謂的「投資」。不論是投資自己、投資金融資產，還是投資自己的健康都一樣。這些當下的付出，是用來換取未來更多的回報。千萬不要為了短期的節省，錯失了長遠的利益。

3. 買快樂與體驗

這就像遊戲中讓人心情好的裝扮與造型。人生中單純的享樂與放鬆也非常重要，「把錢花在你真正熱愛、有興趣的事」是金錢不可或缺的用途。不要覺得這是一種浪費，因為這可以幫助你更有堅持下去的動力，也促使你更積極的賺取金錢。

以上分享我的金錢價值觀，我希望能透過這篇專欄的呈現，提供你一個金錢花費的參考架構，你可以根據個人的狀況與目標進行管理。

1-2

投資，你現在就該重視的議題

錢存銀行的最大敵人：通貨膨脹

KEYWORD

消費者物價指數
主要用來衡量一般家庭購買消費性商品及服務的價格變化。舉凡食、衣、住、行、育、樂 等消費性商品及服務都涵蓋其中。

請你花 10 秒快速回想一下：十年前，你常吃的便當一個多少錢？現在還是相同價位嗎？

2014 年，你在麥當勞只要花 79 元，就能吃到麥香魚配薯條加可樂的套餐，蛋捲冰淇淋也只要 10 元銅板價。時至今日，如果想在 2022 年吃到相同組合，你得花上 99 元，漢堡還變得只有巴掌大；10 元冰淇淋也變成 15 元，看起來只有 5 元的差距，但細算後你會發現：這可是代表驚人的 50% 漲幅。

2022 年的 45 元可以在 7-11 買到一個大亨堡，但放到 30 年後呢？可能只買得到外層的麵包。這也就是說，如果你將同樣的錢存在銀行，而不進一步投資，你就只有麵包皮可以啃了。

大家都對東西變貴感到不滿，如果用更專業的詞彙描述物價上漲的現象，就是**「通貨膨脹」**。前面提到的麥當勞與大亨堡，其實就是生活中常見的通膨案例。

在這 40 年的時間裡，台灣消費者物價指數從 55.24 成長到 105.41，大概上漲了一倍，平均一年物價上漲約 1.62%。[4]倘若你不做任何的投資，只是繼續把錢存在銀行裡面，定存利息絕對抵擋不了通貨膨脹的攻擊。隨著時間經過，相同存款能買到的東西會越來越少，這幾乎是必然發生的結果。換句話說：**雖然你逃過了短期投資失敗的風險，但不投資的後果可能更加危險。**

讓時間化敵為友的秘密：複利

通貨膨脹讓物價每年都越來越貴，時間越長物價就漲得越高，時間彷彿就是定存族的大敵。但有一個神奇的東西可以讓時間化敵為友，甚至讓它成為你的得力助手，這個神奇的東西不是魔法，而是**「複利」**。

4　資料參考：行政院主計處網站。

我們透過圖表比較，來看看神奇的投資複利效果（**表 1–1**）。

表 1–1：「只存錢不投資」 VS.「年化報酬 6%」的資產差異

只存錢不投資			
每月存	**持續 5 年**	**持續 10 年**	**持續 15 年**
3000 元	18 萬	36 萬	54 萬
5000 元	30 萬	60 萬	90 萬
10000 元	60 萬	120 萬	180 萬
20000 元	120 萬	240 萬	360 萬

年化報酬 6% 的投資組合			
每月投資	**持續 5 年**	**持續 10 年**	**持續 15 年**
3000 元	21 萬	49 萬	87 萬
5000 元	35 萬	82 萬	146 萬
10000 元	70 萬	164 萬	292 萬
20000 元	140 萬	329 萬	584 萬

從 **表 1–1** 比較可以看到，只要把資金定期投資在平均報酬 6% 的股票上，15 年後會比單純放在銀行多出將近 1.5 倍金額。這除了可以緩解通貨膨脹的減損，更能加速你的資產累積。

這裡再跟你分享幾組數字：假設你在投資市場存入 300 萬的退休金，隨著複利成長 30 年後，約略可以累積到 1,700 萬。比你想像中更多，對吧？不過更神奇的是，只要存 31 年（也就是多存一年）你就能累積超過 1,800 萬！

指數的成長往往超乎直覺，而複利效果正是如此：同樣的 300 萬如果能提早一年開始，你的退休金在 30 年後，就能毫不費力地多出 100 萬。**年輕人最大的優勢就是時間，越早開始的投資計畫，也就擁有越高的成功率。**

賭博、投機、投資，傻傻分不清

現在你應該已經對投資的重要性，有了進一步認識。但該如何投資呢？所有投資策略都可以達到前面說的成果嗎？

我們簡單 Google「玩股票」三個字，跑出來的搜尋結果前幾名分別是「玩股票破產」、「玩股票跳樓」、「玩股票賠錢」，總感覺是人被股票玩。

在長輩投資股票的經驗中，大部分的人都還是賠錢居多；把錢安安穩穩放銀行裡，也可能贏過近半數的投資人，至少放銀行不會有帳面損失。你可能常被告誡「股票都是騙人的，不要沉迷股市」。沒錯，**千萬不要沉迷股市，但倘若能使用聰明的投資方法，股市絕不是騙局。**人們會有這樣的誤解，是因為不理解投資的本質。

投資的本質是什麼呢？為了釐清自己在做什麼樣的決策，你必須先理解：雖然「投資」、「賭博」、「投機」這三件事的初衷都是為了賺錢，但意義與結果上可說是完全不同：

1. 賭博

　　賭場會設計表面上有機會成功的賭局，利用環境和心理學機制吸引賭客，但實際上都是期望值為負數的情境遊戲。[5]也就是說，賭場的重點就是設法讓你一直待在賭場而不想離開。因為你玩得越多次、待得越久，虧損機率就越大。所以莊家「不怕你贏，就怕你不來」。在市場賭博是運氣成分最高的行為：賭徒幾乎不在意資產的持有時間，也不關心長遠的勝率，只希望立即看到自己賺錢。

2. 投機

　　投機多出現在期貨、外匯、股票的短期交易和當沖這些「猜價格大小的遊戲」。市場投機主要是針對行情變化而做的短期交易行為，通常持有期限較短，整體參與者的期望值接近為 0，若加計各項交易或時間的成本後，期望值會是負數。

3. 投資

　　投資其實就是「用錢滾錢」的概念。由於持有時間普遍較長，所以投資人能夠跟隨公司一起成長，**報酬期望值多為正數，對一般人來說是最有利的選擇。**

5　期望值：一件事在運氣正常的時候，出現的代表性結果。若期望值為正，表示這個遊戲操作多次後，理論上能賺錢。若期望值為負，則代表操作次數越多，理論上會賠更多錢。

大多數操作失利者，並非選擇了真正的投資，而是把股票當作買大買小的賭博工具，或是帶有過多短期投機心態交易股票。賭博或投機的動作雖然有低機率成功，但如果你自認「投資」，卻用「賭博」或「投機」的心態操作，顯然就有很大的問題了。身為理智的投資人，**我們應該依據勝率和自身條件，選擇對自己最有利的戰場。**

主動投資 VS. 被動投資

我們所說的「投資」，還能區分成「主動投資」與「被動投資」，最大的差別在於：是否主動根據當下行情來決定進出場的時機點，或主動挑選自己覺得未來會大漲的標的。

這裡有個更簡單的區別方法：**你過去所有關於投資的學習與認知，有 90% 以上都是主動投資的範圍。**

在本書中，我們強力推崇你採用被動投資，這是真正從投資人角度出發的建議。「被動投資」不論是操作方法或是結果，絕對能讓你又驚又喜。

從字面上可以理解，這是一個不需要花費過多心力的投資方式。被動投資同樣會評估適合自己的投資配置，背後的原因主要來自**成本考量、標的涵蓋範圍以及資產的特性**，而不是對當下行情的預測。它不是無腦投資，而是讓你把心力花在能夠掌握的因素上，贏得更令人滿意的結果。我們稱之**「指數化投資」**，而後續篇章也會以此代稱。

1-3

散戶的勝算：指數化投資

有人撿便宜，就有人吃虧

主動投資經常耗費巨大精力，卻換來不盡理想的投資成果。如果用一個成語來形容，就是「事倍功半」──這正好是人生中我們最討厭的事情之一，指數化投資則恰恰相反。

進一步說明原因前，我們先來認識股票市場的交易結構：當你想買進股票，代表市場上要有另一位投資人願意賣出手中的股票，這筆交易才會撮合成交。股票上漲的原理也很簡單，就是買方為了買到股票，願意出更高的價格買進，讓資金流進市場，進而推升股票價格。

這就像搶購爆款球鞋或限量款名牌包，在商品數量有限的情況下，越多人想要購買，市場越會促使買方喊出更高的價格。反過來說，當商品不吸引人、供過於求時，商家就會透過打折降價求售。短期而言，股價也是同理，買賣股票所產生的價格反映了供需平衡。

既然在股票市場中是由買賣雙方平衡價格，**如果有人在交易當中撿到便宜，就表示一定有人因此而吃虧**。雖然每一筆買賣成功的價

格，都是買賣雙方當下屬意的成交價，但後續股價仍會變動。有人獲利，必然有另一人虧損。

那麼我們該怎麼做，才能確保自己成為交易當中得利的一方呢？所謂「知己知彼，百戰百勝」，如果想找到優勢或勝利條件，首先就得認識自己在股票市場中的交易對手。

散戶的勝算在哪裡？

小館下班之餘喜歡打籃球，每週至少有兩天會到公園籃球場報到，體力跟技術表現在一般人之中也還算突出。你覺得他是否能成功挑戰全球頂尖的 NBA 球員呢？不可能。雖然他也辛勤練習，但訓練強度和時間遠遠不及職業球員，更不用說身體素質的差距。

我們將目光從球場移到市場上，根據統計，近年美國的交易市場中，散戶的比例都不超過 25%。[6]也就是說，市場上絕大多數的資金，都擁有比散戶更雄厚的力量。

我們這些「投資人」大多是用業餘的時間研究，無論是消息、設備、專業度、資金都差人一截。前面提到：市場上有贏家，就代

6　Bloomberg Intelligence Director Market Structure Research Larry Tabb. "Stock-Market Gamification Unlikely to End Soon or Draw New Rules." Bloomberg, 10 Feb. 2021, https://www.bloomberg.com/professional/blog/stock-market-gamification-unlikely-to-end-soon-or-draw-new-rules/.

表一定有對應的輸家，你覺得哪一方比較容易勝出呢？

就像喜歡打籃球的小館，在非職業的場合，面對同樣只把籃球當作興趣的對手（例如大學系籃球員），他應該能有不錯的表現；不過他清楚知道，如果面對職業籃球員，自己幾乎沒有任何勝算。

如果你能理解籃球的例子，應該不難體會：想在投資世界中，勝出市場上其他更厲害的專業大戶，絕非易事。如果只有打公園籃球的實力，卻覺得自己能進入 NBA，那就不切實際了。畢竟就算小館付出跟職業球員同等的努力，都可能因為天賦輸人而失敗收場。如果先天不具優勢，又只把投資當業餘興趣，這麼做幾乎不可能為你帶來勝利。

減少失誤，才能成為贏家

想在競賽中處於更有利的位置，「降低失誤」是一大關鍵。

研究發現：在網球比賽中，職業球員中有 80% 的分數來自擊球得分，而業餘球員們則有 80% 的分數來自失分。職業球員總能精準大力擊球，勢均力敵地交戰到最後一刻。另一方面，業餘球員則是經常失誤，要不就是把球打到網上或界外，要不就是連續發球失誤而失分。也就是說：業餘球員很少擊敗對手，多半是被自己的失誤

打敗。[7]

　　如果你是一位業餘選手，嘗試使出強力殺球，把球打得更接近邊線並非最佳策略；你反而應該要集中精神穩穩回擊，讓對手有機會出現更多失誤。[8]換句話說，**業餘選手贏得比賽的重點，在於減少自己的失誤**──這跟投資其實非常相似。

為何亂買股票，也可能贏過專家

　　再告訴你一個我大學時的小故事。有一堂「投資學」課程，教授安排全班透過模擬平台進行了一場虛擬投資競賽，規則是每個人都有虛擬的一千萬台幣資金，過程中可以依自己的喜好、研究隨意交易，模擬平台則會直接反映真實的股價。投資競賽一直持續到學期末，最後教授會公布全班誰的交易績效最好，而她本人也參與了這個競賽。

　　當時我還沒有學習過任何投資概念，反觀幾個同學躍躍欲試，還有模有樣地分析起投資策略。投資菜鳥如我，決定向教授請教。我舉手發問：「老師，你推薦投資什麼比較好啊？」教授卻一語不發，只露出一個神祕的微笑。我只好摸摸鼻子，心想：既然我也不懂，那

7　延伸參考：《投資終極戰：贏得輸家的遊戲──用指數型基金，打敗85%的市場參與者》（大牌出版，2020）。

8　科學家兼統計學家藍莫博士（Simon Ramo），在《網球庸手的高超打法》（Extraordinary Tennis for the Ordinary Tennis Player）論文之中提到的研究。

就隨便亂買吧，於是花了五分鐘，隨便點選一堆股票後就關閉模擬平台，直到學期末，我都再也沒登入自己的交易帳戶。

你猜猜最後結果如何呢？學期末公布結果的時候，我的績效居然是全班第二！沒想到一個完全不懂投資的人，亂買的績效反而贏過那麼多人，而當初那些聲稱對投資很有研究的人都安靜地不敢出聲。至於我們的教授，績效也排在後段班。這時我才知道，當初教授神秘的一笑並不是因為她偷留一手，只是在回應我：「我怎麼會知道要投資什麼？」

人類的大腦普遍不擅長投資。我們可以從摩根大通（J.P. Morgan）的研究報告中看到：S&P 500 美國大型股指數上漲了 9.5%，但投資人平均卻只獲得了 3.6% 的報酬（**圖 1–1**）。其中的差距，正是源自投資人主動選股和擇時帶來的損失。[9]

如果你想在「輸家遊戲」中取得優勢，勢必把失誤的可能降到最低，排除所有不理性因素以及降低成本。

9　J.P. Morgan Asset Management. "20–Year Annualized Returns by Asset Class (2002–2021)." Guide to the Markets, 30 Sept. 2022, https://am.jpmorgan.com/content/dam/jpm–am–aem/global/en/insights/market–insights/guide–to–the–markets/mi–guide–to–the–markets–us.pdf.

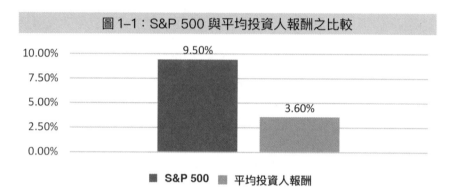

圖 1-1：S&P 500 與平均投資人報酬之比較

（資料來源：J.P. Morgan － Guide to the Markets）

小心！是大腦讓你投資失誤了

　　傳統經濟學派習慣假設人是理性的，但真是如此嗎？那為何世界上最有錢的人，不是最懂理論的學者呢？主要原因在於：股價短期的漲跌包含了太多因素，而且人其實一點也不理性。

　　為此，近年興起了一門稱為「行為經濟學」的學科，用來解釋大部分學術研究中「人是理性的」錯誤假設。下面介紹的四個概念，是投資中十分常見的心理偏誤，足以說明為何我們的大腦容易做出錯誤判斷（參考閱讀：P.258 狂徒專欄）。[10]

10　延伸參考：《投資進化論：揭開投腦不理性的真相》（寰宇，2016）。

1. 過度自信

人們容易過度樂觀和自信。據統計，超過八成的新創企業家認為自己的企業會持續經營超過五年，但事實上約有三分之二的新創企業會在五年內消亡。一般投資人即使知道投資時面對的交易對手，極有可能是比自己專業數千倍的金融機構，卻還是堅信自己能從中獲利，成為萬中選一的幸運兒。

2. 損失趨避

人們對輸錢跟贏錢的感受強烈程度不同，寧願讓自己少賺，也不想要輸錢。 投資人（這裡指主動投資者）在股票下跌時，會因為不願意實現損失而持續套牢；股票上漲時，又會因為害怕轉盈為虧，而早早把股票賣出──這導致大部分的交易都呈現「小賺大賠」，整體肯定虧錢居多。

3. 錨定現象

台灣不少投資人都對「萬點」有特殊的連結情感，覺得股市上萬點之後就會下跌，而不敢投資。當人們面對未知事件時，會不自覺地過於看重過去某些特定數值，讓這些數值如同錨一般制約著對未來的估測。但心中的錨定點，不該用來預測未來，事實上台股也沒有因為抵達萬點就停止成長。

4. 近因偏誤

　　看到金融危機的幾次下跌後，就覺得股票不適合投資；看到近幾年的多頭而忽視風險，就以為股票永遠不會下跌……投資人常把結果歸咎於近期發生的單一事件，而忽略了全盤的評估，並認為未來發展一定會和近期狀況類似，這就是近因偏誤。透過近期漲幅選股的投資策略，正是屬於這種偏誤的一種。

　　看到這邊你可能會覺得有點洩氣，如果真照上面所說的各種不利狀況，看起來投資這件事情太容易失敗了，難道一輩子都無法學好它了嗎？別擔心！其實只要理解幾個關鍵的重點，投資根本不需要那麼累。

　　理性投資人的思考重點不該是如何在輸家的遊戲中取得優勢，而是**讓自己直接不參與輸家的遊戲**。如果你也希望把時間資源集中在更重要的事上，下一章的被動指數化投資說明，絕對是讓你事半功倍的好選擇。

COLUMN

─────── 狂徒專欄 ───────

資產與投資人平均報酬率

世界上的遊戲，大致可以分成三種：

● 完全隨機──例如丟硬幣或骰子
● 部分靠運氣、部分靠實力──例如麻將、德州撲克和橋牌
● 完全靠實力──例如象棋、圍棋等完全訊息賽局。

如果市場完全靠實力，那麼強者會收割弱者，贏家全拿。這會造成市場中有少部分人賺一大票，大部分人都虧損。此時用人數來排名，不賺不賠的指數投資人，將會勝出大部分投資者。

如果市場完全隨機，代表大家每個動作都沒有意義。但如果考慮到交易手續費用，交易頻率越高的人越會落後，這些資金都轉入政府和券商手中。因此，在這個情況下，被動投資人仍然具有優勢。

真實的市場介於兩種狀況之間。雖然我們沒辦法找出每個人確切的報酬分布，但可以肯定的是：被動投資人長期而言會在前面的位置。

指數型 ETF 的優勢

我測試了台股上市上櫃公司的報酬率，發現無論是五年、十年、十五年或二十年，0050 都站在前面的 25% 到 30%，這代表投資整體市場的長期表現會處於前段班，而且不會選到破產或下市的公司。如果是靠自己選股，有很大的機率會選到落後市場大盤的股票，得不償失。

另一方面，我們也測試了美國市場的基金表現（**表1-2**）。從2011到2022，全球股票大盤ETF在ETF組別中算是前34%，而如果把同樣績效放在共同基金組，則是前35%。重點來了：扣除手續費和內扣費後，大盤ETF在ETF組中是前32%，但是在共同基金組中進一步變成前28%。

這代表這十年你只要持有大盤ETF，其他什麼都不做，就能夠**贏過一半以上的基金操盤「高手」**。因此，不論從績效或時間分配角度，指數被動投資都是一個十分優秀穩定的策略。

表1-2：美國市場ETF與共同基金表現

VT ETF	ETF（無內扣費）	ETF（含內扣費）	共同基金（無內扣費）	共同基金（含內扣費）
排名	206	198	4524	3533
總數	605	605	12422	12422
PR	66	68	65	72

（資料來源：狂徒回測）

資金報酬和投資人報酬：看法大不同

知名的摩根大通集團（J.P. Morgan）每年都會發布《環球市場縱覽》（Guide to the markets），描述各資產的報酬率（如前面**圖1-1**），網上也常見相關文章。

不過以下這件事，可能就很少有人提到：**圖1-2**中，計算投資人平均報酬的是美國金融研究機構達霸公司（DALBAR），他們透過定期定額的方式，估算出資金平均報酬率。[11]

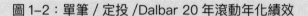

圖1-2：單筆／定投／Dalbar 20年滾動年化績效

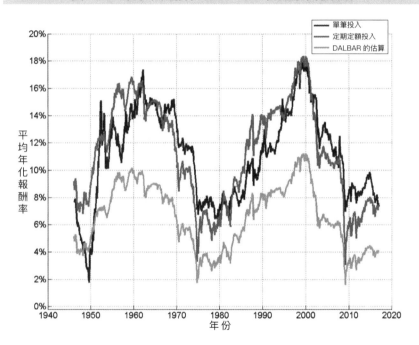

（資料來源：VettaFi Advisor Perspectives — A Warning to the Advisory Profession: DALBAR's Math is Wrong）

---

11 Wade D. Pfau. "A Warning to the Advisory Profession: DALBAR's Math Is Wrong." VettaFi, 6 Mar. 2017, https://www.advisorperspectives.com/articles/2017/03/06/a-warning-to-the-advisory-profession-dalbar-s-math-is-wrong.

長期而言市場往上，單筆投入會贏過定投；但由於 DALBAR 假設這些資金都在期初投入，導致得出的報酬率過低，而且和投資人報酬無關。雖然在錯誤風波落幕後，摩根大通依然使用該公司的數據，但我們可以透過此例得知：就算在業界、就算是專業金融研究機構、金融分析師或學者，也會對資金報酬和投資人報酬抱持截然不同的意見。我特別寫出這點，有三個含意。

1. 希望購買此書的你，能吸收到一般投資書籍沒有的內容。
2. 我認為理性討論和了解全貌後的堅持，勝過自以為是的固執。
3. 就算不知道投資人報酬分布，還是能借助資產特性提高優勢。

對投資人而言，無論基金名稱、經理人多吸引人，只要實拿績效不如資產指數 ETF 本身，就足以讓我們轉向指數投資的懷抱。

1-4

指數化投資：
簡單、有效、容易複製

指數化投資是什麼？

KEYWORD

市場大盤

泛指股票市場的主要指數，用以衡量整體在證交所上市的股票表現。

（標的部分參考 P.280，5-3〈第一次買股票就上手〉的介紹。）

　　所謂的指數化投資，就是**跟隨市場大盤的投資策略**：在需要存錢的時候，持續不斷買進。你不需要思考現在價格會不會太貴、未來會不會持續下跌，一直買到財務目標達成後，才需要賣出提領（延伸參考 4-5〈打造你的被動現金流〉。）

　　在投資策略上，投資人會考量成本、方便性和合理性，盡可能分散持有。至於實際投資的標的，則以全世界的股債配置為基礎，並依照個人需求微調比例與配置。

綜合來說，指數化投資就是選擇持有**市場整體的平均報酬**，這將能幫助你達到意想不到的結果。

平均報酬：勝出大半投資人

以 2003 年至 2022 年的台股表現來看，如果投資台股的整體市場，近 20 年下來平均年化報酬有 10.18%（**圖 1–3**）。也就是說，如果你在 2003 年投入 100 萬到台股市場大盤，過了 20 年後，你會擁有超過 600 萬的資產。更驚人的是，這是你不用看盤、不用停損停利，更不用花昂貴學費找投資老師上課，就可以得到的成果。

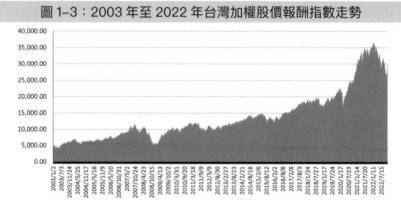

圖 1–3：2003 年至 2022 年台灣加權股價報酬指數走勢

資料時間：2003/1/1 至 2022/11/21

（※2003 至 2022 年的近 20 年間，年化增長率 = 10.18%。資料來源：狂徒回測）

我們回測了美國前 3,000 家公司成分股，從 2007 年到 2022 年年底的績效（回測中排除已下市公司，因此考量生存者偏差後，指數會比此圖更具優勢），如**圖 1-4**。從圖中你可以看到，中位數股票的報酬大約是 16.20%，而指數的平均報酬是 231.31%，明顯大於中位數的表現。另外你也可以從圖中發現，右邊極端的豐厚報酬比例很少，大部分的利益集中在極少數的股票——**持有市場平均報酬，長期下來就能幫助你贏過大部分的股票漲幅。**

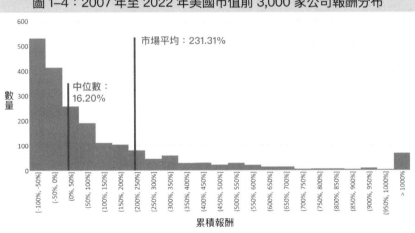

圖 1-4：2007 年至 2022 年美國市值前 3,000 家公司報酬分布

資料時間：2007/10/24 至 2022/10/24

（※ 以上統計排除已下市公司。資料來源：狂徒回測／技術支援：RrR 🏴 ）

獲得平均報酬，就是勝利

什麼？平均報酬也太平庸了吧！你怎麼可能只甘於平庸呢？

仔細研究，你就會知道長期以來獲得平均報酬的人，在投資市場中一點也不平庸。考量前一節提到的交易對手，市場上大部分的交易「資金」，都是由比你更有優勢的專家們所持有。或許你一輩子也難以追上小館、小狂、巴菲特的平均收入，但背後的原因不是小館、小狂多有錢，更不是因為你不努力賺錢，而是巴菲特把平均所得拉高太多了。

市場上總有最厲害且最幸運的人取得了非凡的投資報酬，想要避免自己大幅落後這些極端特例，最好的方法就是直接獲得市場平均報酬，跟著市場大盤一起成長。

克服劣勢，輕易複製優勢報酬

由於各項心理偏誤，我們可以得出「人類大腦天生不適合參與投資」的結論。反過來說，如果你希望自己的投資一切順利，只要把人性參與的比例降到最低就行了。最好的做法，就是去除一切主觀的判斷思維——指數化投資不需判斷市場行情的投入策略，恰好完美的解決了這個問題。

指數化投資者之所以可以不理會下跌、持續安心買入市場大盤，很重要的假設就是**市場長期往上成長**，背後主要的原因有二：

1. 人類科技文明的進步

科技進步會帶動人類的文明持續突破。從底片到數位相機，再到媲美專業相機的智慧型手機；從人力拖車到馬車，再到汽車甚至是電動車。只要人類文明持續進步，也就代表市場長期而言更有機會向上成長。

2. 上市公司的獲利

雖然短期來說公司股價有漲有跌，但只要上市公司整體的獲利大於虧損，就代表公司會不斷擴張，也意味著市場指數能持續成長。

即使股價短期可能會發生動盪，但只要你相信長期而言市場都會成長，就不需要額外制定策略。指數化投資為你節省下了巨大的時間成本，並且讓投入的門檻降到最低。只要你願意，就能輕易複製優異的市場平均報酬。

COLUMN

────── 館長專欄 ──────
有意識地「釐清目標與規則」勝過「盲目堅持」

「努力」代表什麼意思呢？努力很重要，也是許多成功人士的不二法門，可是「多努力一點」絕對不是解決每個難題的萬靈丹。

我有個認識超過十年的摯友，曾加入一家非法吸金的公司。雖然他在過程中遇到各種難關，包括親友的不諒解、工作本身的挑戰、經濟壓力等等，但他總覺得「只要堅持下去，一定會苦盡甘來」，一直咬牙苦撐。結果他還沒等到甘來的那一天，公司負責人就遭收押，只好被迫轉換職涯跑道。

這過程讓我想起巴菲特曾說過：「在錯誤的道路上奔跑是沒有用的。」既然希望累積自己長期的職場能力，就不應該挑選這種風險與爭議性都極高的公司。在錯誤的道路上盲目地堅持，根本不是成功之道。

回想求學時期，總有一些同學明明很努力，成績卻始終沒有起色。後來我才發現，這其實跟「資質」有關。這裡指的不是智商等因素，而是「判斷考試重點」的資質。這群「努力的人」往往把大部分時間資源，投入到根本不重要的地方，例如抄寫題目或是背誦並非重點的內容。而另一群成績出色的人，多半特別懂得掌握出題方向，只要花極少時間專注於釐清重點，就能拿到好成績。當你的目標是「通過考試」，懂得出

題規則和答題技巧的人就會比老老實實花大把時間準備的人吃香很多。感情也一樣,網路上常看見大家調侃「直男」(泛指不懂得看場合、比較自我中心的男性)與女生的互動,例如:女生基於禮貌向男生打招呼,男生就誤以為對方有意思,開始一連串強烈追求,甚至連被發卡都還是窮追不捨。這種「過度追求」的舉動幾乎無法奏效,只會疏遠兩人的關係。

本書中有個非常重要的核心觀念:**做任何選擇或努力之前,務必先釐清規則**。迪士尼動畫《怪獸大學》中,有一幕讓我印象深刻:院長考了毛怪一個驚嚇題目,題目還沒念完毛怪就放聲大吼,吼完才發現題目中的小孩怕的是蛇,而非野獸。如果小孩根本不怕吼叫,那麼吼得再聲嘶力竭都沒辦法解決問題。

很多人遇到困難只懂兩種因應策略:努力或放棄。如果再努力也沒用,那就放棄吧!順便抱怨一下人生不公平。但這樣是不對的。我認為,很多時候只要能先理解遊戲規則,就能選擇勝率比較高的策略。盲目努力,只會害你白費力氣;有意識地釐清目標與規則,並把注意力放在自己可控制的部分,才是能讓你事半功倍的最大秘密。

個股，夠了！

2-1

先談風險，再看報酬

　　在開始健身之前，你會先做好足夠的拉伸，而不是一下場就拿起最重的啞鈴。同樣地，合格的投資者，應該先認識最糟的「風險」，接著才是關注後續的「報酬」。你要先確認自己能夠承受最差的狀況，才適合往下執行──唯有持續存活於市場，才有成功的可能。

3 種衡量風險的指標

1. 波動程度的風險

　　波動越大，越容易讓投資人難以掌握狀況，也更容易失去信心，導致你無法長期持有。為了有效降低波動，我們需要採取資產配置的手段（詳見第四章〈完美的投資組合與資產配置〉。）

2. 套牢時間的風險

　　從股價開始下跌到恢復原本價位所需的時間。例如：美國納斯達克指數在 2000 年的網路泡沫從高點下跌，一直到十多年後才再度

突破新高，這段期間就是投資人需要忍受的套牢時間。投資個股或單一產業的人，甚至有可能被套牢一輩子，因此我們建議：廣泛且多元地分散投資。

3. 下跌幅度的風險

下跌越多，代表投資人需要忍受越慘烈的損失。例如：有人能夠接受自己的資產淨值在 20% 內起伏，但有一天資產從高點下跌超過 25%，他就會開始想要停損或是放棄投資，那麼 25% 就是他能承受的最大下跌風險。一般在設定資產配置比例時，都會特別關注這個指標。

對於風險的認知，最務實的角度是綜合上述三點進行評估**「整體計畫失敗的機率」**。一定會向上的波動，算是風險嗎？如果套牢很久、下跌幅度很大，但在你要用錢時一定會漲回來，那還需要擔心嗎？顯然不是的。既然是風險，代表它是一個可能失敗的計畫，如果所有風險都能自動變成報酬，那世界上也沒有風險了。因此最終，我們該針對計畫「是否能順利成功」進行綜合評估。

風險越大，報酬真的越高嗎？

在學術上，風險又可以分成「市場風險（系統性風險）」和「非市場風險（非系統性風險）」兩種，這裡簡單敘述：

1. 市場風險

市場整體的風險，包含利率、戰爭、匯率或資產本身的特性。除非你不投資也沒存款，否則我們只要身處現代社會，系統性風險就無可避免。例如：美中貿易戰的時候，除了兩國股市受到影響之外，各地區的股市一樣承受了不小的波動。

2. 非市場風險

① **個人風險**：一個團隊再怎麼優秀，也可能因為「個人」的因素而受影響甚至是倒閉，小小的粗心或決策錯誤都可能導致嚴重結果。

② **公司風險**：小到勞資爭議、大到官商勾結醜聞，都可能導致單一公司的股價受到影響，持有公司股票的投資人也必須連帶承受。

③ **產業風險**：世界上沒有永遠強盛的產業，所有領域都在持續消長。

④ **國家風險**：疾病、戰亂和經濟因素都會影響一國的股市，市場中的參與者也會面對國家風險。即使發生問題前，看起來一切安全。

有別於市場風險，**上述提到的個人、公司、產業與國家風險，其實都可以透過分散投資的方式消除。**如果你一次投資數千間公司和數十個國家，這些問題就不成問題。白白承擔這些風險，並不會有什麼實質的收穫，所以接下來我們要來破解一個常見的迷思：「一分風險，一分報酬」。

讓你承擔的每一分風險，都有意義

風險和報酬乍看之下完全相反，但其實兩者又息息相關。

「投資一定有風險」千真萬確，不過「高風險一定高報酬，低風險一定低報酬」，這誤會就大了。想要通過考試，就需要報名；但就算報名考試，也不代表一定會通過。我們需要冒險才能有收穫，所以「報酬來自風險」；但承擔風險，卻不一定能獲得報酬。

換句話說，你可以把承擔風險想成**獲取投資報酬的「入場券」**，但並不是每個入場的人都「一定」能獲得最後的報酬。在市場上，所有人都必須**用風險去換預期報酬**，但如果空手而歸也不意外。我們能做的，是盡量減少遊戲的「不公平」，**讓自己承擔的每一分風險都有意義。**

投資市場的風險就像一台常故障的飲料販賣機，除了老舊以外還很容易失靈，有時候就算錢被吃掉了也不會掉出飲料，但如果你想喝飲料就必須投錢進去，這就是你該承擔的風險。

有一天小安異想天開，把錢從遠處往投幣孔丟，結果沒丟準，錢幣滾到機器底下拿不出來。隔天她又再試了一次，錢幣這次滾進了水溝裡。她不死心地每天都來試，從不選擇好好把錢投入洞口，每次都一定要站在遠處挑戰自己的技術與運氣。

兩週後，小安終於靠著運氣把錢投進投幣孔。她興高采烈按下按鈕，販賣機卻沒有捧場地掉下飲料。她氣急敗壞地罵著機器：「我費盡千辛萬苦、承擔更大的風險，才把錢幣從遠處投進，為什麼販賣機沒有掉下兩瓶飲料當獎勵呢？」

機器老舊屬於「市場風險」（系統性風險），承擔這個風險你才有機會獲得沁涼的飲料。在遠處投幣的小安，平白增添了投飲料的難度，讓大部分錢在投入機器前就消失，就是在承擔「無意義」風險。即使真的成功，機器也不會因為她勇於挑戰就一定給出獎勵。可見承擔額外風險，是一個除了刺激感外毫無益處的舉動。

4 個關於風險與報酬的提醒

1. 不要只注重報酬

我們談論的報酬都是「預期」報酬而非「保證」報酬。就像販賣機的例子，如果你還不知道這台機器是否故障，就投一大堆錢進去，可能一瓶飲料都拿不到。一輛只能加速不能煞車的車，很可能在下個路口就撞壞了，因此做任何決定前，請把風險放在心上。

2. 不要過度排斥風險

對人生而言，不願意冒險可能才是最危險的事。在這個世界，**一開始過度追求安逸的人，最終往往只能辛苦生存；曾經奮鬥、承擔合理風險的人，才有本錢選擇安逸。**把錢全放銀行雖然不用承擔短期的市場風險，但會被通貨膨脹侵蝕。相信願意翻開本書的你，都有基本的風險承受能力，也希望資產持續成長，所以別為了躲避眼前的短期風險，而承擔更大的長期虧損。

3. 理性權衡風險

許多人把風險與報酬當作是非題，不過這是缺乏衡量全局能力的表現，容易害你的決策出現偏頗。投資領域有許多指標能衡量兩者關係，你也可以根據自身狀況找出適合的配置。考量這部分知識的難度與內容，有興趣的人請見後方〈狂徒專欄：如何權衡風險和

報酬？〉。

4. 減少報酬 ≠ 降低風險

　　正如飲料機中投硬幣可能會跑出飲料，但投飲料卻不會掉出硬幣一樣，如果反向負擔了更多成本導致報酬下降，並不會連帶的降低風險。千萬不要以為不會上漲的股票就比較安全。

　　這一章節有兩個核心重點：①希望你開始投資的時候，不要只著眼於光鮮亮麗的報酬，而忽略了背後的風險。②破解「承擔風險就一定有報酬」的迷思，很多風險只是增加計畫的變數而已。

　　最後分享一個故事：小狂曾經因為對水的恐懼而受訓，並考到水上救生員執照。他從不期待測驗門檻降低，也不會希望遊客都不靠近水，小狂只能在練習時累積更多實力，熟練不同的自救、入水和解脫法。

　　打從我們手中握有資產時就和風險共舞了，因此不期待市場沒有風險，而是利用知識讓自己的競爭力更強，增加生存機率。正視並了解風險，才有辦法在投資世界持盈保泰，也才能讓我們得以享受與之相伴的「報酬」。

COLUMN

——— 狂徒專欄 ———
如何權衡風險和報酬？

在生活中我們常聽到「CP值」和「性價比」（Cost Performance）；大家也總愛追求高CP值。換句話說，每個人都想用最少的錢，換得最大的回報。

商店有時會推出促銷方案，飲料原價一瓶五十元，加一元就多一件。即使五十一元比五十元還貴，大部分消費者還是會心動而一次買兩瓶，原因在於CP值很高。我們只要稍微多花一點成本，就能換到豐厚許多的報酬，這在投資領域的意義也相同。

方案	數量 （瓶）	價格 （元）	性價比 （瓶／元）
一瓶	1	50	0.020
加一元多一瓶	2	51	0.039

飲料可以這樣買，投資風險和報酬也可以比照辦理。我們希望「承擔最小風險，換取最大報酬」，不過魚與熊掌很難兼得；所以我們退一步，在一樣的風險下要求最大報酬，或是同樣的預期報酬下承擔最小風險。

一分報酬≠一分風險

衡量兩者最常見的做法，就是考慮「標準差」和「期望報酬」。金融領域的「風險」，常用「標準差」來描述波動。標準差越大，代表數值跳動範圍越大，風險也就越高。針對「報酬」，則常用回報「期望值」來描述，本質是一種加權平均。我們把標的畫在圖上就能讓你一目瞭然，如圖 2-1。

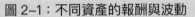

圖 2-1：不同資產的報酬與波動

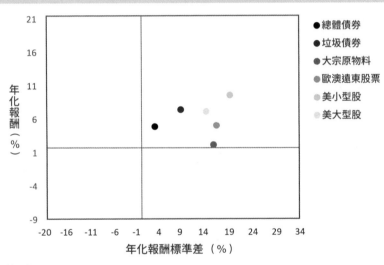

有些資產是三分風險、五分報酬；有些是兩分風險、半分報酬。所以雖然風險越高、報酬越高，但兩者並不成等比例——也就是「一分報酬一分風險」並不成立。這個從小到大的信仰被打破，風險和報酬的關係似乎變得更複雜。不過放心，危機就是轉機，投資人遇到挑戰，才有機會大顯身手。

風險和報酬的比值，其中最有名的是夏普率（Sharpe Ratio），也就是「超額報酬」除以「標準差」。因此檢視「一分風險一分報酬」這句話，夏普率就是1。同理，如果一分風險，卻能有十分報酬，夏普率就是10。所以，通常夏普率越高，就好像 CP 值越高一樣，我們會越開心。

$$Sharpe=\frac{r_P-r_F}{\sigma_P}$$

r_P：投資組合預期報酬率

r_F：無風險利率

σ_P：投資組合的標準差

不過這裡有個問題：CP 值高低每個人定義不同，加一元多一件的飲料，也可能有人覺得根本很難喝。在金融領域，衡量報酬與風險的方式也有很多種。

使用夏普率估算風險還有兩個問題：①它需要採納過去的資料才能計算。這意味著，它是針對過去的計算，而非對未來的保證。②它直接將標準差視為風險，認定越穩定的曲線越安全。不過如果有個策略有時小賺、有時大賺，雖然都是賺錢，但上下波動很大，難道這會是「不安全」嗎？我想，你應該不會想避免這種大幅波動。

在這種狀況下，用標準差描述波動無法真正表達出風險的意義，因此有人決定乾脆不要管上漲，只在意「下跌」，這就是索提諾率（Sortino Ratio）。它和夏普率非常相似，只是把標準差改成了「下行標準差」，也就是只考慮下跌的部分，畢竟下跌比較符合所謂的「風險」。

透過以上兩者，可以讓我們更清楚了解波動和報酬的關係，接下來近一步解釋正文提到的兩個風險。

評估自己可承受的風險：最大跌幅與套牢時間

考量下跌風險，投資人需要認識另一個名詞，叫做最大跌幅（Max Draw Down），簡稱 MDD。算法很簡單，就是看跟資產破歷史新高後，「最高點」和之後的「最低點」差距有多少。例如某段時間台股從 12000 漲到 18000，再跌到 15000，又反彈到 16000，那麼最大跌幅就是 3000。

找出歷史最大跌幅，可以幫助我們評估自己有沒有辦法承受如此風險。例如，大盤在歷次股災的最大跌幅大概都是 50% 以上，如果你無法接受這種下跌幅度，那怎麼能期待自己在真正遇到股災時，還能安心睡覺呢？

除了下跌幅度，持續套牢時間也很重要。從歷史高點到最大跌幅，再回復到原本位置的下跌期間稱為「水下時期」（Underwater Period）。這個時期越長，對於被套牢的人而言越痛苦。以美股大盤為例，金融海嘯和網路泡沫的水下時期大約都是 6 年——也就是一旦被套牢，要花 6 年才能解套。

雖然透過歷史線圖，我們可以得知「就算買入後立刻遇上金融海嘯，只要堅持不賣掉，到現在也能翻倍」。但在套牢時期，人們往往很容易因為恐懼而中途放棄。想想看 6 年沒回本有多恐怖！更恐怖的是，有很多人熬不過這段時期，將資產賣了，讓紙上虧損成為定局。

投資人不應將歷史視為對未來的預測，預期這種下跌一定會重演；但透過歷史的漲跌波動，可以讓我們捫心自問：這種下跌我能接受嗎？這麼漫長的下跌時期，我撐得住嗎？如果受不了，就代表這類投資不適合自己，應該選擇風險更小的方式；如果覺得好像可以承受，也先別高興得太早，畢竟你也很難預期自己幾年後的心態。

你可能會問：那到底該怎麼辦？我認為好的策略應該是最大跌幅小、套牢期間短，而夏普率和索提諾率高。這樣會讓人比較有信心，而且萬一進場時剛好買在高點，也不用等太久。高的夏普率或索提諾率，代表曲線穩定，雖然不一定大賺，但至少比較接近「穩賺」。以我之前測過的 S&P 500 指數而言，近 5 年的每日夏普率約為 0.68，一般人要是能做到夏普率 1 就非常厲害了。對資金槓桿運用較靈活的投資人而言，最大跌幅和夏普率可以幫助他們選出最適合的方案；另外一些投資人或許做不到簡單的槓桿，但至少他們心裡會有個底，知道哪個方案比較划算。

總而言之，投資除了該注意報酬外，風險也很重要，這才是對自己負責任的做法。就像開車不能只看加速多快，也要考慮到減速的性能，否則遲早會出車禍。如果發現自己心臟太小，那就適度地降低風險和預期報酬，對身體也比較好；如果設想了最壞後果，覺得自己依然可以承受，再考慮執行。

2-2

分散投資，
讓你安心睡覺

　　一家公司的股票有機會上漲，但也有可能虧損甚至下市。不過，如果把資金分散到不同股票時，整體的波動就會大幅下降，最終盈虧幅度會比較集中，整個投資也變得更穩健。

　　更重要的是：分散的效果會讓你更有信心。比起大起大落的提心吊膽，分散投資更可以讓你穩定致富，這就是它極大的優勢。如果你進入市場投資的目的是持續不斷地賺錢，那你就該排除一些無謂的風險。

　　分散投資者聽起來「膽小」，實際上卻很「聰明」。**我們能在市場賺錢，從來不是依靠勇敢，而是仰賴智慧。**分散投資的策略確保我們能一直在市場生存，只要不被淘汰，最終就很可能成為贏家。

最好的分散投資：買下整個市場

　　什麼叫做買下整個市場呢？巴菲特提到的 S&P 500，對台灣投資人來說是不是最好的選項？應該要進行多大程度的分散？這就是

選股篇章最後想告訴你的重點。首先，我們可以依照投資範圍從小到大排列：

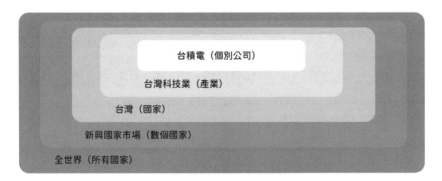

從個別公司開始，越外圈代表範圍越大，整體的風險也較低。台積電消失的機率一定比整個科技業消失的機率高，台灣科技業消失的機率一定比台灣消失還高；台灣消失的機率比所有新興國家消失還高，所有新興國家都消失的機率也比全世界消失還高。

分散投資的核心是盡可能付出合理的時間和金錢成本，將資產最大化分散。如果你還是不太清楚集中投資的額外風險，以下就我們為你逐一說明。

個股風險：抱緊股票讓你穩穩賺？

依照我接觸客戶的經驗，台灣大概有八成左右的投資人只專注研究個股，他們對投資的理解就是「選定一家好的企業然後長期持

有」。這裡舉出幾個實際的案例幫助你理解其中的風險。

- **國泰金控：** 雖然到了 2022 年，國泰金控依舊是國內金控領域前幾名的公司，但在 1989 年，國泰人壽的股票一度達到 1975 元的高價，買一張股票要接近兩百萬。30 幾年過去後，國泰金的股價不到十分之一，這跟一般人認為的「穩定」有一段差距。

- **瑞幸咖啡：** 號稱中國版的星巴克，至 2017 年年末問世以來，僅僅花了 18 個月就在美國上市。憑著股東願景與大筆的資金投入，2019 年底瑞幸咖啡在中國的門市也超越了星巴克。然而正當大家慢慢接受「中國星巴克」時，市場陸續爆出假帳與虧損的風波，公司股價瞬間崩跌，管理階層也一一被判刑。就算能在美國上市，每天出現在生活中的公司都可能有見不得人的勾當。

- **伯利恆鋼鐵：** 二戰期間美國最大的鋼鐵生產公司之一，也是最大的造船企業，規模龐大而且生產效率遠超其他競爭對手。當時整間公司大約有 30 萬員工，公司營收更是位居當時全美第 8 名。然而隨著管理層決策的失誤以及環境變化，公司在 2001 年宣布破產。市場很現實，一家公司就算曾經輝煌，都難保投資人能一輩子獲利。

- **安隆**：1985 年安隆公司創立，憑藉著良好的決策與關係，迅速壟斷美國的能源市場，在 1988 年成為北美最大的電力供應商。公司的高層慫恿自家員工把安隆股票作為退休金的選擇，股價也在 1999 年到 2000 年之間暴漲，讓它名列「美國 500 強」的第七大上市公司。然而作假帳和操弄財報的醜聞連環爆出，除了讓股票淪為壁紙，公司負責人也接連入獄。47% 的安隆員工把大筆退休金存在公司，在失去工作的同時也賠了股市報酬，最終只能靠失業救濟金勉強過活。

　　接著，如果觀察台灣最大的 50 間上市公司的變化，你會發現：在 2004 到 2022 的 18 年內，多達 24 家公司被踢出台灣前五十大，所謂「大者恆大」並不適用。同樣地，如果以歷史悠久的美國道瓊指數來分析，起初最具代表性的 30 家公司也已經全數被剔除，宣布破產的企業更不在少數。

　　世界上沒有大到永遠不會倒的公司。只要回顧過去就會發現，有眾多企業在過去曾擁有超強競爭力，但最終都淹沒在歷史的洪流之中。

產業風險：投資科技股的迷思

　　2013 年到 2021 年科技類股驚人的漲勢，讓不少人覺得單押科技業就會有比較好的報酬。事實上就算科技業帶動了人類的進步與成長，也不代表科技股可以一直維持驚人漲幅。

　　將時間回推到 1990 年代，網際網路的周邊商業模式逐漸擴大，相關的概念吸引不少年輕人才，深信能用技術改變世界。然而股價成長的過程也吸引到一群投機者，讓市場慢慢失去理性。《漫步華爾街》一書的作者墨基爾（Burton G. Malkiel）提及：在最瘋狂的時期，只要公司名稱有「.com」或帶有酷炫科技感，都特別受投資人青睞；甚至公司名稱只要加入特定科技感關鍵字，在改名的十天後股價漲幅，平均會比尚未改名的公司股價漲幅高出 125%。如此瘋狂、不合理的泡沫，導致市場在 2000 年開始出現一系列的崩盤，也讓相關的網路科技公司破產。

　　站在二十幾年後的今天回顧歷史，我們難以想像只改名稱就對股價有顯著的影響。人們當時為了追逐網路科技股的未來而陷入瘋狂，新創科技業的存活率與股價最終卻會令人失望。初期加入的人過度樂觀，受不了後續的下跌而拋售，所以在史上罕見的大漲之後反而承擔虧損。

表 2-1：2000 至 2018 年表現最佳的美國市場類股

年度	績效最好的類股	隔年的績效排名 （共 11 個類股）
2000	公用事業	10
2001	原物料	2
2002	必需性消費	10
2003	資訊科技	10
2004	能源	1
2005	能源	3
2006	房地產	10
2007	能源	6
2008	必需性消費	8
2009	資訊科技	9
2010	房地產	4
2011	公用事業	11
2012	金融	4
2013	非必需性消費	8
2014	房地產	5
2015	非必需性消費	8
2016	能源	10
2017	資訊科技	4
2018	醫療保健	10

〔資料來源：《先鋒榮譽董事長談投資》（大牌出版，2022）〕

　　如果觀察整體產業的歷史，你可能會發現每年表現最好的類股都不太一樣（**表 2-1**），隔年還能持續亮眼的比例也不高，其中就有七年表現最好的類股隔年反而淪為倒數。既然集中投資在單一產業

的勝率不高、科技股也非必勝的保證，那還有什麼理由這麼做呢？

國家風險：霸權的輪替

　　討論到投資單一國家的缺點，我們第一個可能會想到鄰國日本。日本在明治維新後躍身為世界強國，在二戰期間展現驚人的軍事實力。1980 年開始日股表現優異，GDP 也急速攀升；在 1989 年經濟達到巔峰之時，全球前 20 大企業有 13 家是日本公司，甚至有人覺得日本即將超越美國。然而到了 1991 年，在過度投機熱潮下，股市泡沫最終因為利率上升而破裂，股價經過三十年才回到接近原先的水準，因此被稱為「失落的三十年」。

　　台灣股市報酬的過去績效處於世界的前段班，這部分確實值得驕傲；但身為一個理性的投資人，還是要謹慎評估單押台灣的風險。台灣市值在 2022 年佔全球不到 2%，雖然在全球化時代國家之間聯繫緊密，但把全部資金投入台灣這個「新興國家」，會讓國家風險太過集中。此外，鄰近國家的政治風險也是長久以來的隱憂，畢竟本世紀以來台灣一直處於各國地緣政治的衝突熱點。因此，雖然投資自己國家的股票有一些優勢，但整體而言有更佳選擇。

　　那麼，你可能會想「投資目前世界最強的美國，總沒問題了吧？」在 2008 年金融危機之後的數十年，美國股市的表現確實都非常亮眼，坊間也流行起「只需要投資美國就好」的風氣。遺憾的

是，大家的選擇往往沒有充分理由，還可以延伸出幾個投資迷思。

1. 美國過去的好績效，不代表未來的漲幅

過去績效並不是未來報酬的保證，這也是本書會一再強調的重點。根據觀察，大多數的人如果想增加投資美國的比例，很可能是看到美國從 2009 年到 2022 年的優異績效。過度重視短期的績效，是一般投資人常犯下的錯誤。

2. 美國早就是最強，但股價並不是一直亮眼

一戰之後，美國就穩妥地成了世界最大的經濟體。1945 年二戰結束之時，美國 GDP 佔全世界總額的一半，至今還沒有任何國家可以超越，然而，美國股市的表現也不是一直都處於世界前段班。如果仔細比對每一年的報酬，我們也會發現在 1968 到 1982 年、2000 到 2010 年，美股的表現其實都不太亮眼；2000 到 2010 年區間更是大幅輸給新興市場，可見股價與經濟水準並不完全相關。[1]

3. 美國能永遠最強嗎？

自從 1894 年美國超過英國之後，美國 GDP 已經連續稱霸世界 120 年以上。我們不妨思考：未來的美國是不是依舊能維持現在的

1　延伸參考：《跟著肯恩費雪洞悉市場》（樂金文化，2022）。

地位呢？美國能超越前任霸主，就不會被新的強權超越嗎？既然沒有確定答案，那就分散吧。

有人會質疑在美國指數中，其實也包含了各國在美國上市的企業，在全球分工越來越緊密的情況下，分散投資是否還有意義呢？我認為根據以上三點討論，分散的效益還是有吸引力。就算全球化讓各國股市的關聯度提高，不同市場的股價波動表現依然具有顯著差異。與其寄望於全球化的連動，不如直接將資金分散投資到不同國家，在預期報酬相似的前提下降低風險。

根據瑞信報告（Credit Suisse Global Investment Returns Yearbook 2022），我們可看出每個國家的市值比例都在不斷變動。1900 年大不列顛稱霸地球，1990 年日本傲視群雄，2020 則是美國穩坐第一（圖 2-2）。[2]

這說明市場上沒有永遠的強者，我們也很難預測一個國家的未來走勢。即使是當代市值最高的國家，也不可能涵蓋所有領域。因此我們建議投資人不要局限於國家層面，應該以廣泛投資全世界為目標。

2　Elroy Dimson, Paul Marsh, Mike Staunton. "Credit Suisse Global Investment Returns Yearbook 2022." Credit Suisse, Feb. 2022, https://www.credit-suisse.com/media/assets/corporate/docs/about-us/research/publications/credit-suisse-global-investment-returns-yearbook-2022-summary-edition.pdf.

　　回頭看看巴菲特建議的 S&P 500，對投資人而言並不是最好的選擇。雖然分散到美國前五百大的企業，已經遠勝於只投資個股或產業；但只投資美國大型股，終究不是權衡風險與報酬最佳的選擇。

圖 2-2：歷年來國家權重的改變

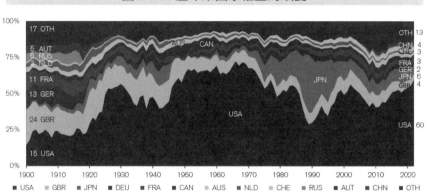

Copyright © 2022 Elroy Dimson, Paul Marsh and Mike Staunton
〔授權資料來源：瑞信報告（Credit Suisse Global Investment Returns Yearbook 2022）〕

　　況且，現在台灣的投資人有合適的工具輕鬆分散到全世界，**避開單一國家的風險，在報酬上也能掌握每一個小市場的報酬，做出勝率最高的選擇。**

　　包括橋水基金（Bridgewater Associates），全球最大的避險基金公司也抱持同樣態度，認為地理分散能大幅增加投資組合的穩健性。他們指出，不論股票或是債券，國家分散都能製造更加穩定的報

酬，同時帶有更小的下跌幅度，風險調整後收益自然也比較優秀。³

　　許多人喜歡用後見之明的偏誤來挑選股票。你現在看荷蘭的鬱金香泡沫會覺得荒謬，但如果身處那個年代，可能也會想跟風。同樣地，如果你處在投資日本的巔峰年代，可能會害自己資金套牢在股市二三十年。當你第一次看到電腦與網路的出現時，會覺得網路科技股充滿希望，但接著你會見證第一次的網路泡沫危機，可能從此再也不相信科技股能帶來成長，因而錯過 2013 年開始的牛市。新興國家表現好的時候，你會以為經濟成長速度快的國家最適合投資，但美國表現優異的時候，你又會覺得世界第一就保證股市第一。

　　如果要避免以上狀況，有一個簡單的方法可以幫你解決，那就是：**廣泛的投資、分散到全世界。**

3　Bridgewater. Geographic Diversification Can Be a Lifesaver, Yet Most Portfolios Are Highly Geographically Concentrated. Bridgewater Associates, https://www.bridgewater.com/research-and-insights/geographic-diversification-can-be-lifesaver-yet-most-portfolios-are-highly-geographically-concentrated.

2-3

廣泛投資：
不錯過任何一支飆股

　　諾貝爾獎經濟學獎得主馬可維茲（Harry Max Markowitz）曾說：**「分散投資是投資中唯一免費的午餐。」**

　　如今我們可以透過投資大範圍的 ETF，輕鬆享受分散投資的好處。不過反對的意見也不少。有人認為分散投資會讓報酬被嚴重限縮，如果可以挑中一家暴漲的公司，一年讓自己的資產翻個數倍都不是問題，又何必分散呢？信奉巴菲特投資理念的人，較為認同「選股」與「集中投資」，畢竟股神確實曾在 1993 年寫給股東的信當中提到「分散投資是對無知的保護」。他認為「過度」分散持股，會耗費投資人的精神，導致績效下降。然而他是個典型主動投資人，獲利來源之一就是獨到的眼光。巴菲特需要對自己持股的每間公司的財報都瞭如指掌，也要對於管理層有一定的影響力，因此確實沒辦法有精力同時照顧多家公司。在這個背景下，他才認為 3 到 6 間「偉大」的公司，就足以讓投資人得到巨大回報。

　　巴菲特有這種條件，事先看出誰是「偉大」的公司，我們可以嗎？

廣泛投資：並非人人是股神

如果你想和巴菲特一樣，關注各種財報數據與行業管理階層的事務，那當然無法同時持有太多公司的股票。不過如今，我們能簡單透過一兩檔 ETF 分散持有全球近萬家企業，根本不需要費心研究每一家公司。

很多股票老師喜歡拿巴菲特當作分散投資的反例，但他們沒說的是，巴菲特除了本身研究能力之外，還有幾個優勢：第一，他除了投資股票外，也使用債券、CDS [4]、選擇權等工具，大家嚮往的「價值選股」其實只是冰山一角。第二，巴菲特的資金雄厚，也有強大的談判能力。換句話說，巴菲特不只會投資股票，他還是一個充分投資自己的企業經營者。

對於有能力賺到超額報酬的人而言，太過分散會拖累整體表現；但從統計的角度理解，太過集中的投資組合會受到高波動的影響，所以縱使是主動投資人也需要分散。一般的散戶投資人，更沒理由和股神較勁。與其擔心分散投資會「降低報酬」，不如先小心自己買到會破產的公司，導致「超額虧損」。

4　一種衍生性商品。

另外，即使巴菲特是主動投資人，他依然建議一般人採用指數化投資長期持有。2008 年，老巴和對沖基金經理泰德（Ted Seides）打賭。他認為 S&P 500 指數基金的十年績效，能夠打贏華爾街專家選擇的基金組合，於是開始了知名的「十年之賭」。而最後市場也證明了，只要簡單的選擇市場指數，就可以贏過專業操盤手的組合。**5**

在 2013 年的股東會當中，巴菲特承認過去他持有了 400 到 500 支的股票，其中主要的回報都是由少數 10 支所帶來的。他的好友兼合夥人查理·蒙格（Charles T. Munger）也在旁補充：「如果扣除少數極為成功的部分，那麼巴菲特的績效也將平淡無奇。」

我們簡單計算巴菲特曾投資的 400 支股票中，選到那主要帶來成功 10 支股票的機率，換算下來大概只有 2.5%。傳說中的股神也是靠著一次又一次的嘗試，以及各種優勢條件才達到目前的成就。身為價值投資的翹楚，他依然保持對著市場的敬畏，也承認指數投資的優勢。

我們不妨思考一下：市面上那些掛羊頭賣狗肉的價值投資課程，會把學生變成下一個巴菲特，還是巴「韭」特？

---

5 最終 5 個基金組合的年化報酬分別是：2%、3%、6.5%、0.3% 和 2.4%。而巴菲特選的 S&P 500 遙遙領先，年化報酬是 8.5%。

選中飆股的生存者偏差

KEYWORD

生存者偏差

當過度關注「生存」的人事物，忽略那些沒有生存下來的，就會得出錯誤的結論。比方說：當你評估個股與基金落後大盤比例時，就須特別注意這點——除了關注現在他們有多少比例贏過大盤，還要留意數年間有多少企業下市，又有多少基金被清算或合併。

　　你可能會發現：除了巴菲特之外，似乎還有很多投資大師或是網路達人，能透過重押少數公司取得成功。例如：知名投資人彼得・林區（Peter Lynch）曾創造接近 30% 的生涯年化報酬。2020 年風光一時的「女股神」凱西・伍德（Cathie Wood）是 ARK 基金的創辦人，曾以超級績效吸引無數投資人參與。然而，數十年來沒有第二個人能夠重現前者的績效；後者雖然曾經風光一世，但也在短短兩年間跌落神壇。

　　為什麼大師不需要大範圍的分散投資？那是因為只有成功的人，才會被稱為大師，其他不計其數的失敗者全都淪為市場的肥料。換句話說，雖然成功者並非只靠運氣，但生存者偏差確實是我們該注意的陷阱。而且，也正是因為市場上有這群專業玩家，導致業餘散戶在主

動選股策略上更具劣勢。

　　我們買彩券時，雖然頭獎金額很高，但中獎機率極低，所以沒有人會把買彩券當作正當賺錢的管道，頂多就是抱持著好玩的心態買幾張碰運氣。買股票也一樣。你要是能事先重押大漲的股票就會發財，但要挑到好股票並重押成功機率極低，不但會承受單一公司的風險，整體的風險報酬比例還會非常差勁。

　　如果時間能倒流，當然不用分散投資，直接選擇大漲的股票就好了。可惜的是，你沒辦法叫 20 年前的自己買進飆股，每個人都必須站在投資的路口上抉擇。如果你無法保證自己能成為叱吒風雲的投資大師，廣泛分散投資才是確保你不錯過任何飆股的方法。

廣泛投資，讓你把握關鍵成功

　　根據研究，在 2004 年到 2014 年超過 21,000 筆創投融資中：十年間有 65% 都賠錢、2.5% 賺進十倍到二十倍的收益、1% 獲利超過二十倍；最關鍵的 0.5% 公司獲利了超過五十倍以上，這極少數的 0.5% 就是創投公司大部分的獲利來源。[6]

　　創投圈流傳著一句話：「分散投資並祈禱。」 (Spray and pray.) 原因就在於公司的獲利分布。絕大部分的公司都會孵化失敗，小部分

6　參考自《致富心態》（天下文化，2021）中投資公司 Correlation Ventures 蒐集的數據。

能夠勉強回本，只有極少數幾間公司會上漲數千倍，讓公司得以穩定獲得報酬。也就是說，投資人買到幾間不賺錢的公司並不會怎樣，但他們一定不能錯過極端成功的少數。不單押少數公司的策略，才是這些資本確保能生存並穩定獲利的關鍵。

動畫界也有類似案例：迪士尼初期做了數百部動畫片，雖然觀眾也很喜愛，但由於高額製作成本，多數都還是賠錢收場。直到他們製作出《白雪公主》，才完全改變了這一切。當年度前六個月就為公司賺進了 800 萬美元，而這數字是過去所有動畫總獲利的 10 倍以上。

不論是創投公司或是迪士尼動畫，無一不是全世界該領域最頂尖的人才；但他們同樣無法在事前就判斷出哪間公司、哪個作品一定會成功，強如他們也需要靠著廣泛投資來把握少數的成功案例。對我們更是如此，藉由廣泛分散的投資，你將更能在市場上生存，輕鬆獲得免費的午餐。

COLUMN

——— 狂徒專欄 ———
分散的抉擇

分散到極致是很優秀的做法。因為在相等的預期收益下，分散資產能夠有效降低標準差，也就是「提高風險調整後收益」。當夏普率提高，我們就能加上適當槓桿，同時放大報酬。而受益於市場的高度有效，我們就算完全不懂財報、新聞或資金流向，依然可以透過簡單的統計工具來獲利，而這也是現代投資組合理論所強調的精神。

不過，我們可以從數學知道，分散降低標準差的**邊際效益遞減**。也因此，如果大家對於自己的配置方案滿意，也有足夠的知識，想要嘗試進一步**在控制風險的前提下提高報酬**，可以考慮「稍微」犧牲一些分散性，例如採用因子投資和經過商業包裝的「Smart Beta ETF」。[7] 隨著研究深入，我們會看到很多不完全分散的做法。例如妥善結合槓桿和因子，波動風險更小而報酬更高。不過，我建議讀者將因子視為一種分析和配置的「手段」，而不是增加勝率的「保證」。如果連資產類別都不清楚，看到股神老巴的案例，就想要透過獨到眼光挑到好股票，那就是投資自殺。不是每個穿 Air Jordan 的人都會成為 MJ，重點應該是實力而不是方法。（詳情可參考狂徒的〈因子投資〉系列教學文章。）

---

7 因子是一種分析方式，探究投資組合表現的原因，主要應用包括風險控制、超額報酬、組合優化、逆向複製、評估市場供需與心理和對經濟影響的解釋。文中提及的因子屬於坊間常見的「風格因子」分支。

2-4

常見選股策略，
為何不適用於大多數人

　　現在你認識了風險與報酬的概念，也知道分散風險、廣泛投資的重要。接著讓我們一起檢視市面上常見的選股策略吧。

投資的眼光？價值投資的盲點

　　價值投資人希望提前發現公司的價值，並在股價被低估的時候買進。先講結論，**財報分析對投資人的要求門檻太高，高得不切實際。**

　　首先，價值投資著重公司的基本體質，閱讀財務報表是其中的關鍵。不過光是一間公司的一份財報，就有高達數百頁的資料，包含營運情況、產業分析、財務平衡……等，就算是熟練的投資人也得花上幾個小時才能看完。美國股市有接近 5,000 家公司，台灣股市有超過 1,000 家公司，要在茫茫股海中依靠財報找出好公司，需要花費多少時間呢？現實狀況是：大部分投資人並不具備相關專業，隨意看一些財報比率或憑個人喜好就貿然進場投資，反而會導

致你的投資組合陷入危機。

再者，財報只是表面上經過整理的資料，並不一定代表公司的真實狀況。上市公司的財務和會計部門，可以在合法範圍內作帳，讓公司的營運看起來更健康；同時也常有不安好心的公司，為了欺騙投資人而直接造假。你有可能讀完了一份亮眼的財報而投入資金，最後卻發現被專業的不法人士坑殺。

還有一個重點：**當價值投資的方法廣為流傳時，想要從中脫穎而出就會變得更困難**。世上每秒都會有無數專業金融機構，透過財報挖掘投資機會，也會有相同行業的公司，分析對手的競爭力和報酬；最後留給業餘散戶的獲利機會，恐怕是所剩無幾。

即使你今天真的挑中價值被低估的好公司，若市場不認同，也無法進一步獲利。如果沒有比「市場報酬」更高的勝率，我們又何必花大把的研究時間，承擔更多單一公司的風險呢？

2020 年，AJO Partners 對沖基金的創辦人就宣布關閉營運 36 年的公司，因為旗下的大型價值股策略基金遭遇巨大虧損。他在信中說道：「我們仍然相信價值投資是有未來的，但悲觀的是，未來沒有那麼快到來。」價值投資雖然歷史悠久，但不是獲利保證，更不是分散風險的好選擇。管理百億資金的專業機構都有可能無法處理風險，一般投資人更不需要參與豪賭。選擇價值投資之前，不妨參考過去失敗的案例，並考慮巴菲特和柏格共同推薦的指數化投資吧！

穩穩領配息？存股的迷思

KEYWORD

配息與填息

公司會把獲利用現金的形式發放股東。這個發放過程稱為「配息」，而投資人領到的就叫「現金股利」。公司發放完股利後，隔天股票的開盤參考價格，會參考昨日收盤價扣除發放部分（所以常說配息是左手換右手的行為）。股價後續再次漲回配息前價格的過程，稱為「填息」。

舉個例子：A 股票今天收盤價是 50 元，假如它配了 5 元的現金股利，隔天的開盤參考價就會從 45 元開始。當 A 股票再次漲回 50 的時候，就完成了填息。

存股族群分成兩派：一派的思維是把股市當成銀行，有錢就存進去，長期投資。另外一派會選擇「穩定的公司」並注重股票的「配息」，希望領到比定存還高的利息。不管哪一派，認可長期投資與持有、不輕易短線進出的思維都值得嘉許；不過如果仔細觀察，你就能發現股息派的策略隱含持有個股的風險和對配息的誤解。

以長時間來看，股東獲益是因為公司賺錢，所以領股息本身並沒有錯。但發放股息只是一次財務帳目間的轉換，並不會「憑空」冒出額外的現金。這有點像我們買了一大杯牛奶，然後把其中一部分倒

進另一個小杯子，這時牛奶的總量也不會增加。

　　領股息就像是「倒牛奶」，但追求股息的人往往誤以為領股息是「擠牛奶」。實際上羊毛出在羊身上，配息的過程並不會讓股東的報酬增加或減少。既然同樣一張股票，股息跟價差的總和不變，我們應該將重點放在整體的增長，而不是股息本身。

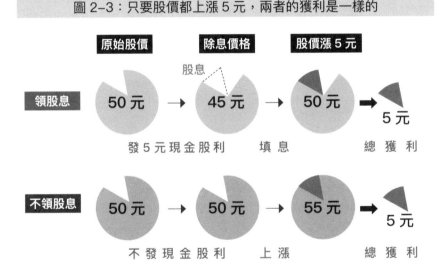

圖 2-3：只要股價都上漲 5 元，兩者的獲利是一樣的

　　有人可能會說：「要看後續有沒有填息啊！」但這又是另一個迷思了。「填息」只是描述價格缺口被填滿的現象，並非分析的依據。就像我們不會因為某股票過去都上漲，而篤定它未來也會如此。填息意味著股價再次上漲，幅度剛好超過原本的配息金額，並不具投資意義（**圖 2-3**）。如果有一檔股票配息不久又填息，雖然投資人看似

賺到利益，但如果一開始就不配息，股價其實會比現在還更高。

另外，配出來的現金股利，如果沒有重新投入市場，就等同於你持有更多現金在手上，而這會造成複利效果減損。為避免此狀況，我們會利用配出來的股息繼續買進股票，來填補發股息的缺口，這稱作「股息再投入」。由此可知，**刻意選擇高股息的股票，並不會增進複利效果**，原因是「股息再投入」只是填補缺口，而非新產出。

綜合來說，不管是否配息或填息，都不是投資人該關注的重點。為了**追求本身是中性的配息機制，而承擔更大的風險和付出更多成本，就會非常不合理。**

絕大部分的情況下，單純的配息數字並不能反映公司的體質。全世界股價最高的公司就是巴菲特的波克夏，但這間公司從來不發股息。相反地，金融海嘯的時候，多數高股息金融股的含息報酬跌得比大盤還慘，甚至直接倒閉，這也說明了高股息並不是抗跌的保證。

存股的最後一個迷思就是將「低報酬」視為「低風險」，刻意挑選幾乎不會上漲的標的。複習前面販賣機的例子，把硬幣投進老舊的販賣機，有機會掉出飲料；但拿到飲料後丟回販賣機，還能換回零錢嗎？風險與報酬並不是雙向關係，如果你是追求低風險的族群，可以有更理智的選擇（延伸參考：第四章資產配置）。

以台股為例，可以看到大家以為安全的幾支熱門金融股，在2008年股災時比大盤多跌了10%以上，跟0050相比並沒有比較抗跌（**圖2-4**、**表2-2**）。而這已經是含息報酬了，如果不把股息

投入回去，價格下跌幅度會更大，而且多半報酬也落後。

　　一旦投資人過度重視「領股息」的數字，進而影響投資策略，就會讓資產的成長受到無意義的損害。為了心理錯覺而買帳，或許不會造成短期的明顯損失，但更長時間下就是在嚴重損害自己的資產。當你追求每次配息的安定感時，先想想自己能不能接受這些缺點。

圖 2-4：2006/1 至 2021/12 之台股與熱門金融股報酬走勢

資料時間：2006/1 至 2021/12（資料來源：狂徒回測）

表 2-2：2006/1 至 2021/12 之台股與熱門金融股總報酬比較

	華南金	富邦金	國泰金	開發金	玉山金	元大金	兆豐金
年標準差 (%)	23.15	28.54	28.99	27.86	25.79	32.49	25.55
年化增長率 (%)	8.04	13.28	5.99	8.38	11.41	9.27	10.18
報酬 / 波動	0.35	0.47	0.21	0.30	0.44	0.29	0.40

	台新金	新光金	國票金	永豐金	中信金	第一金	台股報酬指數
年標準差 (%)	29.08	32.39	21.47	28.01	30.03	24.33	18.25
年化增長率 (%)	7.23	−1.55	9.94	6.81	8.53	9.38	11.22
報酬 / 波動	0.25	−0.05	0.46	0.24	0.28	0.39	0.61

資料時間：2006/1 至 2021/12（資料來源：狂徒回測）

喜歡＝好？生活投資法的迷思

所謂生活投資法，就是從日常生活中，挑選常使用的東西或常聽到的企業來研究。但這個策略最大的隱患，就在於「好東西不等於好公司」、「你喜歡的公司不代表比較會上漲」。

小館過去曾使用 HTC 手機，手機還算好用，公司也曾享譽全球。但萬一幾年前小館把資金都投入 HTC 股票，現在大概會窮到連手機都買不起。

生活投資法最大的優勢是可以讓投資組合看起來很親切，而且會讓投資人有更多興趣研究自己喜歡的企業。不過問題來了：你喜歡的企業，表現不一定比較好。我們很容易因為研究自己喜歡的東西，用各種理由說服自己，並對缺點視而不見。一旦真正進入市場，生活投資法不但缺乏合理性，績效也更差勁。

前面提到，安隆曾是世界最大的能源公司。當時公司內部和眾多投資人都相信股價能持續成長，但在爆發公司假帳以及詐欺交易的醜聞後，股價瞬間崩跌。公司內部人員都不能保證「了解」自己的公司，更遑論一般的業餘散戶了。

再者，買進熟悉的自家企業的股票仍然逃脫不了單押公司的風險，後果還比一般單押公司更嚴重。如同先前提到的，我們發現了一間優秀公司，並認為它能夠賺錢，也不代表市場會買單；即使市場買單，給出公平的價格，也不代表投資人有利可圖；就算一切都

順利，依然不代表績效會一直優秀下去。

把錢投資在自己的本業或擅長的領域，確實能增加成功率；不過股票交易市場當中有太多額外因素要考量，一般人想要藉此獲利難如登天，最好的做法還是「廣泛的分散投資」。

鋼鐵人 VS. 航海王？追熱門股的迷思

「熱門股」是指討論熱度高、價格被炒上去的股票。2021 年鋼鐵人和航海王橫行，似乎手裡沒有幾張股票都不好意思說自己在投資。但現實是殘酷的：當大部分散戶都衝進場買股票時，市場已經沒有下一批資金拉抬股價，導致他們都必須面臨虧損。

只要觀察過去的股價歷史，我們就會發現「強者恆強」或「漲多必跌」似乎都是隨機出現。雖然小米創辦人雷軍曾說過「站在風口上，連豬都會飛」，但站在投資人的角度，我們大可不必選擇買入在天空飛翔，卻不知道何時會摔死的豬。當你難以判斷這類股票的後續漲勢，就根本不該冒著巨大的風險賭運氣。

追逐熱門股成功的前提，就是你能在泡泡被戳破之前抽身，然而這需要準確判斷進出場時機，你也幾乎不可能辦到（下一章節會詳細介紹）。唯有遠離貪念，才能避免被套牢的下場。

選股策略，真的夠了！

投資理念沒有對錯，但是如果選到無法達到目標的工具，就是自找麻煩了。

以投資工具為例，存股族試圖從股票身上找出債券的性質，希望手中資產穩健、抗跌又不易套牢，就是對自己的選擇，抱有錯誤期待。

如果有人知道真相也明白工具的優劣，最終依然如此選擇，那我們完全尊重。但大多數人只是因為「不了解」而做出錯誤選擇。由於尚未接觸指數化投資，只好在他們所知的投資工具中選出「看起來最安全」的那種。

我們相信絕對有專業人士可以超越市場平均的績效，也認同一定會有偉大的公司遠超大盤指數，但這些成功案例背後所需的成本和承擔風險，遠超一般人的想像範疇，而且多半要等事後回頭看，才會知道誰能成功。

大多數的選股策略，都很難贏過平均報酬，反而會害你錯過少數的飆股，也讓你承擔更大的風險。透過一次買下整個市場，可以幫助我們抓到任何一家優秀的公司，也確保自己的投資組合不會被少數出問題的公司拖累。**只要善用簡易的資產配置，你完全可以得到更優異的結果，包括：更小的波動、更短的套牢時間、更高的報酬、更小的下跌幅度……等**，為自己創造更大的競爭優勢。

COLUMN

───── 狂徒專欄 ─────
內幕消息真與假

如果你相信透過研究財報就能知道公司體質，或認為聽到新聞就能判斷營運現狀，那很可能想得太過簡單。只要你向媒體、會計師或業界朋友進一步詢問，就能驗證這裡說的狀況是特例還是普遍現象。

1.「為什麼要告訴你？」

這是所有市場資訊的傳播都會面臨的問題。市場上不是沒有內幕消息，相反地內幕消息還很多；但通常什麼等級的人就會聽到什麼等級的消息，一個大咖不會把驚天秘密平白告訴一個市井小民。

反過來說，有些廣泛流通的消息其實只是煙霧彈，不但對交易沒幫助，還會損害獲利。某些資訊乍看之下公開透明，例如公司每季財務報表，讓許多投資人想藉此研究公司體質獲利；但最大困難就在於：這些資訊經過多層傳播，無法呈現原始的狀況。

你在手機 APP 上看到的個股消息通常來自媒體，問題是媒體也不可能完全揭露。很多時候新聞都經過美化，當媒體自行補充太多公關稿外的內容，就會被公司「關切」，甚至被迫撤銷。如果連媒體都不確定公司追回的是錯誤資訊還是正確機密，一般民眾就更難判斷了。

2. 灰色地帶的內線

除了公開消息，還有一種資訊就是灰色地帶的內線。獨家消息絕對屬於「賺快錢」的方法，但這就像是掌握樂透密碼，誰會真的公開分享呢？

美國有一群厲害的股神，他們平時的身分就是「議員」。根據研究，針對 2004 到 2010 年的六萬多次交易進行分析，發現有權勢的某黨議員平均在一週的持有周期內，可以達到 35% 的異常超額報酬。[8]更神奇的是，自從議院通過揭露交易資訊的 STOCK 法案後，這些異常報酬就消失了。而根據 2022 年的另一個研究，美國議員投資房地產，每年平均有 3.24% 超額報酬，比金融業專業人士還強。[9] 關於這群議員的優秀表現原因，選對地區可以解釋 50%，精準擇時又佔了剩下的 30%。雖然這些研究說明優勢資訊確實能增強獲利，不過換個方向想，資訊競爭遊戲並非一般大眾能涉足。

我常會在各種應酬場合，不小心聽到一些「新聞外的新聞」，例如集團動向、內部弊案、武裝政變、高管反叛 …… 等。根據我的經驗，不管在民主國家或極權國家、官商還是企業內部，都存在派系鬥爭和「合作」，所以有些業界的消息變成國際新聞，有些則直接被掌權者壓下。換句話說，由於內部人士的參與，很多消息早已反映在股價上，剩下流到市面上的「內幕」大多已無意義，否則就是競爭對手刻意放出來，用

8　Serkan Karadas. Trading on Private Information: Evidence from Members of Congress. Nov. 2015. First published: 06 January 2019

9　Baldauf, Markus and Favilukis, Jack Y and Garlappi, Lorenzo and Zheng, Keling. Profiting from Real Estate: So Easy a Congressman Can Do It. May 2022.

來吸引散戶的消息。無論哪一種，對一般投資人都有害無益。

3.「怎麼確定真實性？」

對於獨家消息，投資人還面臨一個問題，那就是如何判斷它是真是假。因為既然是獨家，那也不會有第三人能證實。事後來看，很多消息確實正確，但我們當下也只能半信半疑。

記得有次我和某國有政治背景的朋友吃飯，當時他剛接手一個教育集團。我問他有沒有上市的打算，他只說「智商不足才上市」，便不再多言。結果過幾年後，該國大肆打擊教育產業，很多上市公司下場悽慘，股價跌 90% 都算普遍，他那傢伙反而活得滋潤。

再舉個例子，我有次與朋友們聚餐，其中一位宣稱不小心聽到股票的特殊消息，讓他兩周內進帳八位數，我們聽了全部轉頭過去等他「開示」，結果他說他早就獲利出清，而且消息已經結束。

「早知道」我就提早布局了──可是誰能事先知道？況且，當我們聽到再衝進場，想必也已經晚人一步。

4.「寧可信其有，不可信其無」？

可別以為所有資訊都符合這種情況，既然有許多人喜歡聽小道消息，放風聲的人當然可以收割這些族群。

舉個例子，曾有某國金融業朋友傳達特定團體的炒作公司和目標價格，並配合新聞業者釋放利多消息，當地政府也參與其中。後來那支股票翻了一倍，市場投資人蜂擁而入，我們都相信該團體的實力決心，同時也認為上漲行情能一路衝到目標價。結果幕後集團突然賺完下車，留下一堆受困的散戶。你說這個消息是幫助散戶，還是收割散戶呢？

得益於科技進步，我們使用手機或電腦就可以輕鬆下單，但股票背後仍然是激烈的、暗潮洶湧的競合關係。很多時候，我身邊發生的事情比小說還荒謬，有人欠下數百萬美元仍可以熱情地上前握手，有人壟斷整個國家還認為利潤不夠，有人怕被仇家追殺而需要防彈裝甲車，有人毫無商業誠信仍成功 SPAC 上市……往往這些事情連公司內部都不一定清楚，更遑論下單的民眾了。

我在專欄講這些事情，並不是鼓勵讀者憑空臆測或刺探內幕，主要是想澄清一件事情：準確的消息和對公司體質的掌握，確實可以幫助你獲利，但這些核心資訊通常都不會對一般人開放。

當一個人在社會上有一定地位，自然會聽到各路消息，當然可以靠優勢資訊獲利；但既然握有這些人脈，主業往往能賺得比股票還快，而且安全許多。而如果是一般投資人，不被收割就已經很幸運了。如果你和我一樣，浪跡天涯而享受物競天擇，更需要穩健有效的投資當成後盾，在公開市場**採用被動指數化投資**才是明智省力的做法。

Chapter 3

買進賣出的
投資金律

3-1

關於投資：
我們可以預測未來嗎？

無常的投資市場

　　金融海嘯發生前夕，知名作家兼華爾街分析師肯恩‧費雪（Ken Fisher）宣稱股市年底前有上漲空間，並大力建議投資人買進股票；當時的美國聯準會主席也表示，美國大型銀行沒有什麼嚴重問題。就連《紐約時報》也透露只有 5% 的華爾街分析師建議賣出股票，告訴投資人不需要擔心市場前景。

　　然而，金融海嘯還是發生了。難道這些人的預測都是空口無憑？當然不是，他們絕對是全世界最熟悉市場又最專業的人，顯然他們是憑藉當時的認知，以及手上掌握的關鍵證據，才做出這樣的分析。

　　問題是：**人類只能用既有的知識儲備和過去的經驗預測未來，偏偏未來經常以超出過去一切認知的形式出現。**因此純粹以過去預測未來，恐怕不切實際。

　　2016 年，川普當選美國總統，造成包括美國和中國各論壇財經專家的激烈討論。有人認為他對中國的鷹派作風會導致股價下挫；橋

水基金也預估，如果川普當選會導致大盤有 10.4% 的下跌。[1]但該國股市不理會這些雜訊，持續往上成長了將近 150%（**圖 3-1**）。

圖 3-1：川普當選後的美國股市走勢

（資料來源：狂徒製圖）

2020 年，英國脫歐之際，人們認為經濟會受到影響而導致股價大跌；但實際上，包括英國在內的國際主要股市，都沒有發生預期的下跌。更精確地說，在各方都施力之下，最終呈現在市場上的價格走勢與當初專家們的預測並不相同。

1 Rachael Levy. "WORLD'S BIGGEST HEDGE FUND: Stock Markets around the World Will Tank If Trump Wins." Insider, 9 Nov. 2016, https://www.businessinsider.com/bridgewater-on-market-reaction-to-us-election-result-2016-11.

　　新冠疫情初期亞馬遜（Amazon）股價大跌，投資人競相拋售股票。結果沒過幾個月，亞馬遜在全球經濟一片黯淡、市場一片悲觀的情況開始反彈，收復失土後甚至一路創新高。後續大家可以斷言：這是因為疫情造成網路購物興盛，電商龍頭自然會受益；但幾個月前，卻沒多少人能料到這點。

　　在投資市場上，總有人把「如果」掛在嘴邊：「如果當年金融危機的時候押身家，我早就發財了。」可惜真實世界中不存在這種假設，回顧所有事件發生的當下，總會有各式各樣的預測分析，但未來就是充滿意外。許多交易者想要找出進出場的時機點，認為自己能成功預測市場；但實際上，投資人不可能同時考慮所有因素，要準確預測走勢並藉此持續獲利非常困難。**任何可能影響股價的事件只要是「眾所皆知」，對投資決策而言就是雜訊，難以幫助你藉此獲利。**

　　檢視過去的股票走勢，我們可以輕易指出哪裡是低點、哪裡是高點。但如果身處網路泡沫年代，一堆科技相關公司倒閉之際，你可能無法相信亞馬遜、Google、Netflix 等公司會發展到如今的規模。對歷史的檢討當然有意義，不過回到當時的時空背景時，相信也很難有人能做出正確的判斷。

　　面對未來的投資市場時，不該過度樂觀，但也無須過度悲觀。每次市場下跌，就會有人表現出對崩盤的恐慌，但只要你能熟悉過去市場發生的種種事件，就會知道**投資市場的無常才算正常。**我們永遠

猜不透市場，所以面對不確定時，無須跟著風向起舞，堅守原先的投資計畫才是最佳抉擇。

買股票看時機：擇時的成功機率有多大？

KEYWORD

擇時交易

擇時交易（market timing）和買進持有（buy and hold）相反，只要涉及：根據行情、經濟、財報……等，來判斷進出場時機的做法皆屬之。

「市場的無常」聽起來或許有點抽象，傑森・茲威格（Jason Zweig）的《當代財經大師的守錢致富課》一書，曾提到下面的數據：

- 針對 1991 至 2004 年美國共同基金的研究發現，一般的基金年化報酬率是 7.4%，但基金投資者的年平均報酬是 5.9%。
- 根據領航基金創辦人約翰柏格的計算，1984 至 2004 年前兩百大美國股票型基金的年平均報酬率是 9.9%，但這些基金持有者的年報酬率卻只有 6.6%。
- 從 1926 至 2002 年，共計 77 年的時間，美國股市投資者每年平均的獲利，比起股市本身的收益還低 1.5%。

　　不論對於投資人績效的估算是否合理，上述數據都凸顯了一般投資人落後資產本身報酬的事實。[2]投資人除了額外承擔交易與時間的成本，也因為「主觀」的買進賣出，導致績效大幅輸給「買進並長期持有」的策略。

　　如何才算成功的擇時進出？其實很簡單，就是你額外操作的績效比「待著不動」還更好，如此一來交易才有意義。諾貝爾經濟學獎得主就研究過這個問題，1975 年威廉‧夏普（William F. Sharpe）發表了一篇論文，比較「擇時」和「持有不動」的差異。擇時組需要預測股票和現金的優劣，持有組則不做任何預測。你猜，一年擇時一次需要多高的準確率才能勝出呢？答案非常驚人，最終研究結果顯示：想要靠準確的「擇時」來打敗「持有不動」策略，需要高達 74% 的準確率。[3]

　　換句話說：你的 10 次預測之中必須命中 7 次以上，否則擇時進出就沒意義了。這有多難呢？2021 至 2022 賽季 NBA 冠軍球隊「金州勇士」，整個季後賽的罰球命中率不過 76%。世界最強球隊的罰球命中率如此，我們一般人猜中股票上漲下跌的機率恐怕只會更低。

2　延伸參考：P.49 狂徒專欄〈資產與投資人平均報酬率〉。

3　William F. Sharpe. "Likely Gains from Market Timing." Financial Analysts Journal, vol. 31, No.2, Mar. – Apr. 1975, pp. 60—69.

買賣的時機，其實沒你想的重要

KEYWORD

做多與做空

投資人預期股票未來會上漲（做多）或下跌（做空），預先買入賣出，
以在股票漲跌後賺取對應的獲利。

　　不論是買賣個股或 ETF，過去大家可能會認為，買賣「時機」是
最重要的一件事情。就直觀角度而言，股價不過就是一堆數字的跳
動，在有漲有跌的前提下，只要能預先猜中股價的走勢，就可以透過
提前操作來賺一筆。正因為股票可以做多和放空，投資人誤以為隨時
都能輕鬆賺錢。不過這種思考的癥結點，在於「提前預測股價漲跌」
的難度很高。根據研究，在 68 位知名市場預測者的 6,627 次預測中
統計，發現整體準確率是 48%。[4]

　　換句話說，這些預測大師的結論，甚至不如你直接丟硬幣的
50% 機率。這意味著：**這世界幾乎沒有人可以提前抓住交易轉折點。**
而這就是我們接下來要討論的「效率市場」。

4　Bailey, David H. and Borwein, Jonathan and Borwein, Jonathan and Salehipour, Amir and Salehipour, Amir and López de Prado, Marcos and López de Prado, Marcos. Evaluation and Ranking of Market Forecasters. 31 May 2017, https://ssrn.com/abstract=2944853.

有效市場，能帶來有效投資嗎？

過去高速公路上設有收費站，駕駛可以隨意選擇收費口排隊繳費。依照經驗，收費站並不會有哪條車道特別短，因為只要駕駛在遠處看到某條車道比較暢通，就會自動遞補靠過去以節省時間。這樣恰巧能填補缺口，讓每個車道的車流量都差不多。

即使我們不知道哪一條車道前進最快，也不知道整體車子的前進速度，但無論駕駛是否變換車道，最終的通過時間都相去不遠。聰明的駕駛知道這一點後，就更傾向留在既有車道，不需費心額外變換車道。

同樣道理套用到金融市場：由於所有人的微小選擇都會影響最終的價格，因此部分學者推測市場具有高度的「效率」。也就是說，就算市場偶爾會出現價格的錯誤，也會因為市場效率而讓這些機會迅速消失，就像車子會自動遞補，使得最終速度都差不多。

投資學領域有個專有名詞，稱為「效率市場假說」（Efficient-market hypothesis，簡稱 EMH）。我們可以更精確地將市場效率分成弱式、半強式和強式三個等級。[5]

---

5   Eugene F. Fama. "Efficient Capital Markets: A Review of Theory and Empirical Work." The Journal of Finance, vol. 25, No. 2, May 1970, pp. 383—417.

- **弱式效率市場**：股價已完全反映歷史資訊。投資者如果利用過去來預測未來，無法得到超額報酬，此時技術分析無效。
- **半強式效率市場**：股價可以完全反映公開資訊，包括財報和產業消息。對投資者來說，此時基本分析也無效。
- **強式效率市場**：股價完全反映所有未公開和已公開的資訊。換句話說，除了技術分析跟基本面都無效，即使拿到內線消息也對績效沒有任何幫助。

　　看完上面的假設，聰明如你應該會發現：只要效率市場假說不成立或市場不完全有效，主動投資人就有利可圖。因此，許多人深信：若自己掌握消息的速度夠快，在股價尚未完全反應時提前操作，就能抓住市場上微小的獲利機會。但你知道這需要多「快」才能成功嗎？

　　2013 年 7 月 23 日，亞馬遜的股票在短時間內暴漲 2%，隨即下跌。短時間大量的下單引發連鎖反應，導致各地投資者一窩蜂搶進，又幾乎同時撤離。在短短 1 秒之內，就湧入十萬張交易訂單，第一波的大量下單更是只花了 0.03 秒——比人類眨眼的速度快上 6 倍。這種反應速度，根本超出了一般投資人的極限。[6]

所有資訊都可能改變價格的走勢，但也因為消息流通的速度極快，對絕大多數的投資人來說，這些都只是「雜訊」。**如果已知的所有**

6　Nanex, LLC. "Nanex ~ 07-Jun-2013 ~ Amazon Run-Up." Nanex, 7 June 2013, http://www.nanex.net/aqck2/4311.html.

資訊都已經反應在價格上，那麼除非我們可以預測未來，否則就無法獲得額外優勢。

另外，「效率市場假說」有個兄弟叫做「隨機漫步假說」。假如所有資訊都已經反映在股價上，那麼只有「未來」能夠影響股價。不過既然未來難以估計，也就代表新加入的資訊接近隨機，最終造成股價的波動呈現隨機狀態，也就是經典著作《漫步華爾街》中提及的「隨機漫步」。[7]

無論市場有沒有效率，一般投資人掌握消息的速度都不夠快。如果投資人收到三天後股價會下跌的資訊，那麼掌握資訊的人會在第二天先逃出市場，而這會讓股價提早下跌；但如果大家預期股價會提早下跌，就會更早跑，讓股價變化再度提前。最終狀況是：只要市場對未來有任何預期，很可能就會直接影響「現在」的價格。舉個例子：先前有人回測發現，股市在一月的表現特別好，在十二月的表現則特別差，這讓「元月效應」一度受到討論。但隨著時間經過，這個效應也沒有明顯持續下去。

7　也有不少人對「隨機漫步假說」提出反論。包括曼德柏博士（Benoît B. Mandelbrot）等人提出的「碎形市場假說」；塔雷伯（Nassim Nicholas Taleb）的《隨機漫步的傻瓜》、《黑天鵝》、《肥尾效應》等書籍，以及羅聞全的《非漫步華爾街》（A Non-Random Walk Down Wall Street）等等。

電影《王牌天神》中的臨時上帝因為懶惰，不經思索就答應所有人的祈禱，結果隔天有非常多人中了彩券頭獎。然而，這些頭獎得主不但沒有發財，還只平分到微不足道的金額。

當全世界都知道一套獲利方法的時候，表示它離失靈不遠了。市場越有效，策略失靈的速度就越快，投資人也越難獲利。現今的主流股票市場正是如此，主動投資的操作空間很小，而且幾乎所有微小先機都已被更專業的機構搶先布局。

那麼在這樣的前提下，我們究竟要如何看待股價和市場呢？繼續往下翻，你就會知道答案。

3-2

用正確心態
看待股價和市場

一個好消息：市場整體向上成長

好消息是：台股指數從 100 點上漲到超過 10000 點；美國 S&P 500 指數從 100 點上漲到超過 4000 點；中國上證指數從 100 點上漲到超過 3000 點……。

在前面 2-2 談分散投資的章節中，我們提及投資單一國家可能會遇到長時間套牢，如果可以廣泛分散到全世界，問題就會減緩許多。在過去數百年裡，全球股市的趨勢都呈現長期上漲的趨勢。我們相信市場會有這樣的成長特性，除了透過回測以外，還有幾個事實可以幫助我們做出判斷。

1. 生活水平的進步

歷史上第一位億萬富豪洛克斐勒（Rockefeller），全盛時期壟斷了全美 90% 的石油市場。據統計，他的財富總值甚至曾高達美國 GDP 的 2.4%，是當時的全球首富。然而在比爾蓋茲與巴菲特的一場

訪談中，巴菲特表示，即使是 20 世紀最有錢的富豪洛克斐勒，擁有的醫學、旅遊、教育……等生活條件，也不及現在中產階級所享有的一切。

2. 人類的競爭與合作

　　數百年來，人類透過智慧讓整體的生活環境更完美，也因為人類互相的競爭和合作推動了各個領域的進步。雖然有時候會發生非理性的恐慌或暫時的經濟倒退，導致股價重挫，但聰明的人類總會想辦法解決問題。單一個體不一定能成功，但眾人的「集體智慧」卻非常強大。

3. 整體經濟的成長

　　受惠於企業的獲利以及全世界經濟的長期成長，投資人願意持續加入對企業的投資；當市場的資金總量增加，也進一步推升了股價的成長。雖然經濟不能幫助我們預測短期的走勢，但長期來說，數家優秀的企業、數個優秀的經濟體……終究會帶領著股價往上成長。

　　回到資產本身的特性，投資人期待冒險之後能拿到回報。想想看，既然買股票會有被套牢的風險，又不像銀行定存有穩定的利息，為什麼大家還要買股票呢？正因為長期而言，股票的預期報酬要比定存高，所以投資人衡量之後才願意冒險。

　　無論從風險報酬或社會進步解釋，配合數據上的回測，都能說明市場長期向上成長的特性。換句話說，雖然投資人很難猜中股價的短期漲跌，但我們完全不需要在近似隨機的股價中尋找「聖杯」。當我們把目光拉遠，就會找到整體投資市場向上成長的規律，讓投資變得輕鬆容易許多。

指數投資者的競爭優勢

　　從資料看來，股價短期的走勢確實接近隨機。從 **表 3-1** 中，我們回測出美國 S&P 500 指數單日的上漲機率是 54%，幾乎跟擲銅板的機率差不多；不過一直把時間拉長後，我們就能逐漸看出股價長期上漲的規律。

表 3-1：不同持有期間美國 S&P 500 指數的上漲機率

結果	單日	單月	1 年	3 年	5 年	10 年	20 年
正報酬比例	54.29%	64.78%	82.61%	84.12%	85.82%	92.49%	**100%**

資料期間：1988/01/04 至 2022/11/18

（資料來源：狂徒回測）

就目前狀況來看，無論效率市場假說是否完美，股價都能很快地反映過去的資訊。除非你能掌握**「未公開的正確資訊」**，而且在股價反應前儘速布局，否則主動投資並沒有獲利空間，一般投資人要藉此獲利更是難上加難，而指數化投資長期持有、無需關注行情的優勢，在此也更加體現。

指數投資和現代金融理論有很大的關聯，不過這些正反學派的精采辯論，其實並不直接影響指數投資者的獲益。你只需要記住一件事：**指數投資者的競爭優勢在於「低成本」、「分散全市場」以及「長期持有」。**

扣除成本後的市場平均報酬會贏過大多數的人，這是統計上的必然，而非特別受益於「效率市場」與「隨機漫步」。對絕大多數投資人而言，比起試圖在雜訊中抓住微乎其微的市場先機，「待著不動」反而才是最聰明的策略。

COLUMN

——— 館長專欄 ———
神奇的隨機性

人類的大腦其實不太擅長處理所謂的「隨機」。回想一下，當你將手機音樂隨機播放，結果反覆聽到同一首歌，或是有些歌曲永遠都聽不到，你會滿意這樣的結果嗎？

舉例來說，如果有 A、B、C 三首歌，真正隨機概念下，播放十五次可能會得到這種結果：ABBBBBCBBCAACCC。聽音樂的人一定會覺得不爽，覺得為什麼有些歌前面一直重播，後面又都沒聽到。正因為使用者這樣的心理認知，如今音樂軟體所採用的多半是達到平衡的「偽隨機」。以同樣三首歌為例，就是類似「BACABCABCACBABC」的呈現，盡量讓每首歌出現的次數差不多，而且相同歌曲幾乎不重複。經由這樣的改動，大多數的使用者都更滿意了。

談這個其實是想告訴你：當一個東西真的隨機呈現時，並不會完全混亂均等地呈現，可能有某些狀況特別頻繁，也很有可能有某些狀況超少出現。然而這種反直覺的特性，常常會誘使人們想從裡面找出規律。

《漫步華爾街》就提到了一個故事：某位統計學教授在開學時，將班上同學分成兩批。他要求其中一批實際擲硬幣 100 次，並記錄下正反的結果；另外一批則試著想像擲硬幣的過程，自行決定正反的隨機性並記錄

下來。宣布完後,教授就走出了,等同學做完才回來。

教授看著兩批資料,告訴大家他一定可以看出哪一批資料是真實擲硬幣,哪一批資料是同學的想像,結果他果然每學期都能一次命中。原因就在於:自行想像隨機結果的學生,都會下意識地讓正反均等分布,但真實情況卻並非如此。

在職業籃球比賽中,我們常會看到主播激動地大喊:「Stephen Curry 手感太火燙了!」打過籃球的人應該都會對「手感」一詞不陌生,但實際統計 NBA 球員的出手,會發現這一次進球跟下一次進球的關聯度不高。換句話說,從統計的角度看來,籃球場上每一次的進球都幾近是獨立事件,只不過某個人連續進球或連續落空的狀況發生時,會讓我們印象特別深刻。你誤以為的「手感」,可能只是統計上的正常現象。

偏偏人類實在不喜歡這種近乎隨機的事情,總是希望能在所有事情中找到規律,以掌控全局。特別是對於股價短期的變化,人們發明了技術分析、籌碼分析等幫助自己判斷股價的工具。但事實上,盡快承認股價短期的難以預測,並理解到這都是屬於「隨機」的正常呈現,才能夠幫你省下大量的時間,並換取更佳的回報。

3-3

買進賣出的 6 大投資金律

　　接下來我們為你統整出買賣的重點，以及參考的原則。未來你只要有任何買進賣出疑問，打開這本書翻開這一章就對了。

※ **注意：以下建議需要搭配大範圍分散的指數投資，不適用於操作個股或主動投資。**

買進的基本原則 ①

讓資金儘早參與市場

　　投資圈有一句話是這麼說的：「最佳的投資時機是十年前，次佳的時機是現在。」將資金曝露於風險市場並承擔波動風險，長期而言會獲得比現金更好的預期報酬。當你越早把錢投入市場，可以讓持有成本越低。拿 0050 來說，如果在距今十年前的 2012 年買入，就算不把現金股利加回去，股價到 2022 年也上漲超過一倍。如果你堅持要等到 50 元才買，可能就錯過更多漲幅了。

　　回顧歷史，我們總是會覺得指數處於高點並因此卻步，但這其實就是股市長期向上的特徵。即使市場屢創新高，但只要未來繼續上

漲，現在的高點也會變成未來的低點。即使你已經錯過十年前的漲幅，但現在還來得及為十年後的自己做準備，快讓你的錢錢進入市場吧！

買進的基本原則 ②

持有越久勝率越高

價值投資之父葛拉漢（Benjamin Graham）曾說過：「短期而言，股市就像投票機，投資人共同決定哪些公司受歡迎；但是長期而言，股市是台體重計，它將評價公司的真實價值。」

短期股價涵蓋許多雜訊，容易受到市場情緒的影響而起伏；但只要把時間拉得更長，股價就會更加貼近市場本質。因此身為合格的投資人，「長期」投資是非常基本的重點。

前面 P.118 **表 3-1**，統計了 1988 年至 2022 年共 34 年的時間，美國 S&P 500 不同持有期間的勝率差異。如果只持有一天，股市上漲的機率只有 54%；但隨著持有的時間越來越長，上漲的機率也就越來越高。如果把時間拉長到 20 年以上，過去的市場有 100% 的機率上漲。我們可以合理期待，拉長持有期間有助於提高投資的勝率。

長期投資的概念可以呼應**「讓資金儘早參與市場」**，因為資金越早進入市場，就有越多的時間享受市場的複利效果。

根據**圖 3-2**，投資人進入市場越久，累積的報酬就越大，這正是長期投資的重要理由之一。

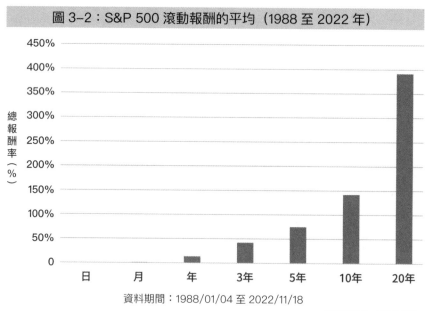

圖 3-2：S&P 500 滾動報酬的平均（1988 至 2022 年）

資料期間：1988/01/04 至 2022/11/18

（資料來源：狂徒回測）

買進的基本原則 ③

使用閒錢投資

假設你明年打算買房，需要準備大約 300 萬的頭期款，而目前已經存了 250 萬。這時有些人可能會考慮花一年時間投資理財，賺足這 50 萬差額。也許極少數的人真的會成功，但萬一沒賺到錢，股市還下跌 30% 呢？原本的 250 萬就會只剩下 175 萬，你與頭期款

的距離就變得更遠了，買房的規劃又要推遲個兩三年。而且接下來的
兩三年，你還得祈禱股市表現一定要回穩才行，否則會浪費你更多時
間。

為了避免以上的憾事發生，這裡提供一個基本原則：五年內會
用到的錢請放在更安全的資產類別，除非你能接受前述的損失，否則
投入市場的一定要是五年內都確定用不到的「閒錢」。

看完前述長期持有的勝率，你應該可以發現短期股市的不確定
性很高。把投資期限拉長，才能讓投資組合的波動度降低，減少賠錢
的機率。要進入股市投資，就需要面對一些波動，更要做好短期可能
下跌的心理準備。再次強調：千萬不要把短期財務缺口寄託在未知的
股票上。

回到買房的例子，你可能會問：那我到底該怎麼解決那 50 萬的
缺口呢？三種做法任君挑選：晚一點再買、買便宜一點的房子，或是
努力多賺一點錢。總之千萬不要做超出自己能力範圍的選擇，否則就
不是投資，而是「賭博」了。

買進的基本原則 ④

避免多餘的擇時操作

KEYWORD

牛市 VS. 熊市

牛市：股票持續上漲的區間，又稱為「多頭市場」。
熊市：股票持續下跌的區間，又稱為「空頭市場」。

　　根據摩根大通針對 S&P 500 的研究，假如第一年投入 1 萬美元，20 年後資產總共可以成長到 6 萬美元。當你因為額外的擇時交易，而錯過五千個交易日當中的 10 個最大漲幅日，整體報酬就會瞬間腰斬，剩不到 3 萬美元；而當你錯過了五千個交易日當中的 40 個最大漲幅日，整體報酬甚至會變成負的。[8]

　　這項報告中還揭露一份非常驚人的數據：五千多天的 10 個最大漲幅日中，有七次與最大跌幅日的間隔不到兩週。換句話說，**市場的報酬主要是由極端值貢獻而來，並不是每日平穩上漲**，而且大漲往往伴隨大跌，無法用現在處於「熊市」或「牛市」簡單預測。

8　Jack Manley. "Is Market Timing Worth It during Periods of Intense Volatility?" J.P. Morgan Asset Management, 25 Mar. 2022, https://am.jpmorgan.com/us/en/asset-management/adv/insights/market-insights/market-updates/on-the-minds-of-investors/is-market-timing-worth-it-during-periods-of-intense-volatility/

我們實際回測，也發現類似的結論，如**圖 3-3** 所示。

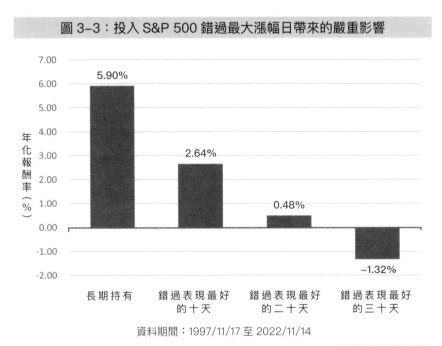

圖 3-3：投入 S&P 500 錯過最大漲幅日帶來的嚴重影響

資料期間：1997/11/17 至 2022/11/14

（資料來源：狂徒回測）

　　不管是抓住最大漲幅日或是躲開最大跌幅日，對誰來說都是不可能的任務，但如果一直待在市場當中，就可以輕鬆享受資產長期成長的好處。再者，考慮到交易手續費，每次移動資金都是在耗損自己的資產。因此交易頻率高，幾乎保證會讓你虧損；把時間拉長到數十年以上，幾乎保證能幫你賺錢。我們唯一該做的事情，就是讓自己所有閒錢趕快進市場好好工作，而不是幫金融業者打工。

　　不要預測任何的進出場時機。唯有讓自己的資金持續待在市場中，才可以獲得比多數人更佳的報酬，長期下來會幫你建立非常大的優勢。

賣出的基本原則 ①

不根據行情隨意停損與停利

　　講到賣出股票，大家的腦海中可能會跳出「停損」與「停利」這兩個詞。但你可能不知道：不管是停損還是停利，其實對指數化投資來說，幾乎沒有任何幫助。

　　所謂的停損策略，是當股票大幅下跌，超過自己可以接受的損失時，就將股票先賣出以「停」止「損」失，確保虧損控制在自己的承受範圍內。對於主動投資者來說，就是要避免一次錯誤押注而面臨破產風險的狀況；但對於我們被動投資者來說，其實只要做好最廣泛的分散投資，幾乎就能避開「歸零」或「破產」的風險。

　　回顧股票歷史的走勢圖，你會發現就算世界充滿大小震盪與危機，人類終究會解決問題，讓一切回歸正常。依照股市長期會向上成長的觀點，停損就是多餘的操作。既然你已經知道我們幾乎不可能猜中何時會跌到最低點、何時會反轉向上成長，那麼你應該也可以理解：市場上鼓吹投資人要先停損，等落底再大批買進的人，要不就是高估自己，要不就是想賺你的手續費！

　　至於停利，是指當你持有的股票持續上漲，獲利達到特定比例後，就先「停」止獲「利」，將股票轉換成現金，落袋為安。

　　停利的論點是基於股市的震盪特性。有一群人認為：股票要在高檔時先慢慢出場，否則等跌下來，原本的獲利就「啪！沒了」。

　　我們不推薦停利，還是呼應這一點：一般投資者並無法預測股市短期的漲跌。再者，細看許多停利策略，其中的數字設定大多只是憑感覺，背後並沒有邏輯支撐。例如：設定漲 20% 後先獲利了結，再重新開始累積複利。但股票漲 20% 後，就一定會下跌嗎？萬一繼續上漲，豈不是就錯過了後續的漲幅？想在股票上漲過程中，抓到下跌的瞬間，甚至在落底前重新投入資金，根本就是不可能的任務，往往花了更多成本，卻換來更差的績效。

　　可能會有些人反駁：「追求不停利太過理想主義了！股票只是一堆數字而已，慢慢把股票變成現金來享受生活才是重點。」這個反駁確實有幾分道理，但同時也是對指數化投資的誤解，下面就繼續為你解說。

賣出的基本原則 ②

投資目標達成時按需求轉成現金

　　如果你的股票永遠不賣出，確實只會是一堆跳動的數字，對生活完全沒有幫助。但如果急著賣出股票，就造成複利效果中斷，也可

能讓你承擔股票短期的虧損。況且，我們無法知道什麼時候才是賣出股票的好時機，如果隨意憑感覺賣，想創造更好的績效會非常困難。

事實上，這個問題並沒有想像中困難。我們會賣出股票，主要只有一種狀況：**當一開始設定的投資目標已經接近達成，需要現金的時候，就放心把股票賣掉來享受成果吧！**

人生中會有不少需要較大筆資金的階段性目標，例如：買車、買房、養育孩子的費用、退休……等等，輕重緩急因人而異。沿用前面買房的例子：假設你現在 25 歲，規劃 35 歲要買房，就可以從今天開始指數化投資，累積你的資產。等時間到了，就把需要用到的錢取出來，賣出股票來支付你的頭期款，其餘部分依舊放在市場上持續增長，這才是兼顧生活開銷和資產累積的正確方式。

你可能又會碰到一個現實的問題：「萬一要花錢的時候，錢還不夠怎麼辦？」正如前面所說，除了在各種消費目標之間取捨，你也應該及早投資以讓資產開始成長。

既然所有人都不希望賣在套牢的時候，又希望資金能參與市場，就需要一個兩全其美的方式。提早開始是一個方法，但如果我們能讓資產成長的曲線更趨於穩定，就更能避免在未來需要用錢時，剛好遇到套牢的尷尬狀況——這時候就輪到神奇的「資產配置」出馬，幫助你做到這一點。關於資產配置的相關內容，我們會留在第四章好好討論。

解決 99% 時機問題的買賣投資金律

最後再整理一下，進出場的問題不外乎把握以下 3 個大原則。這些大原則可以幫助你解決 99% 的時機問題，更可以幫助你辨別一項投資策略的可行性。

1. **閒錢才能用來投資**
2. **讓資金盡快參與市場，並拉長投資年限**
3. **不要根據行情做出任何的主觀判斷 (暫停投入、停損停利等)**

綜合來說，指數化投資當然也有買賣股票的時候，但並非看行情猜測交易時機，而是將更多精力花在「了解自己的目標」和「規劃合適的投資組合」。從生活需求的角度出發，先設定好投資目標，再耐心等待計畫成功。消除不必要的壓力，讓時間化敵為友，才是最大的成功關鍵。

COLUMN

───── 狂徒專欄 ─────
從「主動」的角度看交易頻率與停損

拉高交易頻率＝提高交易成本

如果你真的是有能力獲取超額報酬的高手，拉高交易頻率、重複做有利的事情，確實是可行的策略。曾任 AHL 基金經理人的羅伯特‧卡佛（Robert Carver）在《系統化交易》（暫譯）（Systematic Trading）一書中也說到：「對於有能力穩定獲取超額報酬的交易者而言，夏普率和交易頻率的平方根成正比，也就是主動管理法則。」例如：一年交易一次的人如果有 0.5 的夏普率，改成每季交易會有 1.0 的夏普率，日度交易則會有 8.0 的夏普率。

不過由於每種交易時長所需的策略不同，投資者並無法輕易增加頻率。換句話說，就算是能穩定創造超額報酬的高手，也可能因為改變交易頻率而失去原先的優勢。別忘了：巴菲特也從來不靠當沖賺錢。

更重要的是：**拉高交易頻率後不一定能增加獲利，但馬上得面對更高的交易成本，還可能造成虧損。** 一般人沒理由去擴大失敗的機率，因為就算完全不依靠額外交易獲取主動報酬，我們也能透過資產配置獲得「靜態報酬」。納斯達克首席經濟學家菲爾‧麥金托什（Phil Mackintosh），曾在一篇文章中描述交易者在考量各項條件後，應該找出的最佳交易頻率，其中成本的部分值得參考。[9]

───────────────

9　Phil Mackintosh. "How Fast Should You Trade?" Nasdaq, 7 Nov. 2019, https://www.nasdaq.com/articles/how-fast-should-you-trade-2019-11-07.

當交易頻率越來越高，衝擊成本會增加風險；而對交易者而言，太少交易的缺點就是不容易即時捕捉到超額報酬（Alpha）。但對指數投資者來說，我們追求的並不是未知的超額報酬，而是「保證能拿到」的市場報酬──就算你不鑽進每個戰場，還是能讓資產成長。

停損避開了下跌，也避開了持續成長的機會

停損可以去除極端的風險，讓價格波動集中在可掌控範圍，避免損失擴大。感覺起來，這種策略可以同時提高報酬和夏普率。這麼好的方式，為什麼我要持保留甚至反對的態度呢？

最簡單的原因在於：大部分散戶投資人都是「手動下單」，所以執行任何進出策略都需要盯盤。為了不間斷執行停損犧牲寶貴時間和心力，效益不大。另外，雖然股市大盤會一直有波動，但長時間仍保持上漲，因此所謂的波動風險並不會造成投資人困擾。事實上，**穩健成長正是指數的特性**，如果為了避開大跌而放棄持續投入的機會，那就非常可惜了。

指數投資人之所以不停損，不是因為喜歡承擔風險，也不是因為沒在動腦。實際上，只要做好「資產配置」，就可以達到非常優異的投資結果。節省下的手續費、時間和精力，大可悠哉拿去做自己喜歡的事。

指數投資者不刻意擇時，跟隨資產自然成長，同時得到穩定的生活品質和信心。既然努力交易無法保證更好的結果，你不妨將時間和精力節省下來，花在更美好的生活上吧。

3-4

不推薦的 4 種擇時策略

雖然大概 3 分鐘前你才剛看完，但因為這真的很重要，所以還是再次複習進出場的 6 大重要原則：

1. **讓資金儘早參與市場**
2. **持有越久勝率越高**
3. **使用閒錢投資**
4. **避免多餘的擇時操作**
5. **不根據行情隨意停損與停利**
6. **投資目標達成時按需求轉成現金**

站在指數投資的角度，只要謹記前面的重點，不要讓自己跟著行情隨意進出場就好了。不過，為了幫大家進一步釐清常見的擇時策略，在此會簡單解說我們不推薦的幾種擇時策略，告訴你為什麼這樣做行不通。

① 大跌加碼、上漲減碼，不推！

這是不少有經驗的指數化投資者也常犯的小錯誤。有些人會保留加碼金，打算等到市場大幅下跌再投入，深怕買在高點會比較危險；當股票持續創新高的時候，則會想要減少投入的金額，以降低之後下跌的損失。雖然這不是追高殺低的投機心態，但這些額外的擔心與多餘動作很可能會害了你。

根據過去的資料顯示，再創新高後投入的績效不見得比較差。**表3-2**統計了1988年至2022年投資S&P 500的績效，回測後會發現：創新高後再進場，反而比正常情況進場有更高的滾動報酬。

表 3-2：股價是否為高點投入 S&P 500 的滾動報酬差異

S&P 500 指數	一年年化報酬	三年年化報酬	五年年化報酬
創新高後進場	5.10%	5.08%	4.72%
正常情況進場	4.48%	4.40%	4.35%

資料期間：1988/1/4 至 2022/11/18

（資料來源：狂徒回測）

但以上數據並非鼓勵你等創新高才投入，而是讓你理解**不論有沒有創新高，都不會對我們的績效有特別大的影響**。原因也很簡單：基於市場持續往上成長的特性，每一點當然都是在創歷史新高，我們完全不需要因為上漲而不敢投入。

這個概念其實跟加碼金一樣。如果你能在下跌時用相對便宜的股價買進，降低持有成本，當然值得開心；但到底跌多少才夠卻是一個難以回答的問題。假設今天市場跌了 10%，你會選擇進場加碼嗎？如果不加碼，你會不會擔心未來再也沒有這樣的機會呢？萬一在下跌 10% 大幅加碼後，市場持續下跌 20% 長達數十個月。這時你還有多餘的錢再加碼攤低成本嗎？加碼思維最主要會面臨兩個問題：

1. **難以預測未來**：你無法確認多久後會有下跌機會。就算真的下跌了，也很難判斷怎樣的跌幅才合理，更無法預知跌幅將持續多久，種種的未知可能害你白忙一場。
2. **拖累資金效率**：想保有加碼金的思維，就會讓你需要持有更多的現金，而這反而會降低資金的使用效率，有很高的機率會拉低總資產的報酬。

綜合來說，投入資金後當然有可能在短期內被套牢，但如果為了等某個低點才進場，那麼就可能錯失資產大幅上漲的機會。高檔減碼、低檔加碼的思維模式本身看起來很合理，但實務上會有些問題。長期待在市場中，減少所有多餘的動作才是最佳策略。

② 追熱門股，不推！

幽默大師馬可吐溫曾說：「十月是從事股票投機很危險的月份，其他也很危險的月份是七月、一月、九月、四月、十一月、五月、三月、六月、十二月、八月、二月。」

17 世紀荷蘭的鬱金香狂熱是歷史上最早的投機熱潮。當這種新奇的植物從鄂圖曼土耳其引進荷蘭，花商便看準機會大量買進，推使價格飆漲到近乎瘋狂的程度。狂熱高峰之際，許多人甚至不惜把土地和珠寶都拿去換鬱金香鱗莖，金融業也迅速將鬱金香包裝成金融商品，讓投機份子短時間內透過轉手暴賺數倍。

當投機讓賺錢變得容易，人們自然無心耕耘本業，深信這波漲勢會永遠持續下去。1637 年 1 月，鬱金香鱗莖也很爭氣地暴漲 20 倍，幾乎可以買下半棟房子。正當所有人都沉浸在這股氛圍時，有少部分人開始恢復理智而選擇賣出。接著，市場的賣壓逐漸擴大，越來越多人擔心價格虛漲而決定拋售。短短一個月內，鬱金香鱗莖價格雪崩式下跌，最後變得跟洋蔥的價格差不多。那些拿身家換鬱金香，卻來不及抽身的人，想必只有慘賠的下場。

追逐熱門股的本質就是一種投機，《漫步華爾街》一書將此現象形容為「空中樓閣」——不管標的是否真的有價值，反正只要大家一起投入資金，就能建構出夢想的樓閣。只要自己不是那個最後

才抽身的笨蛋，或許都有利可圖；但此時價格不是東西本身的價值，而是所有投資人的預期心理。

1720 年的南海泡沫同樣依循「新東西吸引投資人→炒作價格→瘋狂投入→部分人回歸理智出清持股→價格崩跌」的標準泡沫化公式。就連科學家牛頓也是當時的受害者，他事後感慨地說：「我能計算出天體的運行，卻難以計算人們的瘋狂！」短短一句話，道盡了追逐熱門股的亂象。

綜觀歷史上每一次投機熱潮，從鬱金香熱潮、南海泡沫，再到能源基金、金磚四國和近幾年的熱門股炒作，都可以用一個「貪」字來解釋，自古以來，懷有貪念的人往往沒有好下場。深怕少賺而在市場上留步，就可能成為來不及抽身的那個笨蛋。對於這類短時間內暴漲的誘惑，建議你在場外安靜看戲就好，沒過多久你就會慶幸自己當初沒有進場。千萬別把你寶貴的財產，賭在這種「抓誰是最後一個笨蛋」的比賽上。

③ 總體經濟指標，不推！

有些投資人會參考總體經濟指標，來調整自己的投資布局。這樣的研究相對有根據，入門門檻也比較高，但不代表能獲得進階的結果——他們的投資績效多半還是輸給市場大盤。以下列舉幾個常用來預測股市的總經指標，看完你就知道它們為何對投資並無幫助：

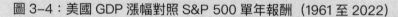

總經指標 1 經濟數據 GDP

「股市長期而言就像一台磅秤，秤的正是公司的盈餘。」經濟的成長，確實是股市長期上漲的重要原因之一；既然如此，GDP 這種經濟指標是否能幫助我們預測股市呢？

根據**圖 3-4**，你會發現如果以「單年」來看的話，GDP 成長與否跟股市的關聯度實在不大，GDP 漲幅高的時候，美股可能會下跌；而 GDP 為負增長的時候，美股也有機會表現優異。

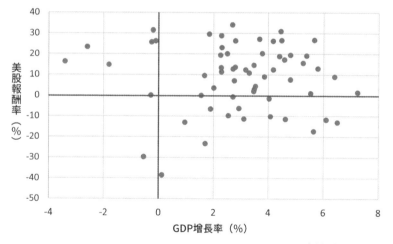

圖 3-4：美國 GDP 漲幅對照 S&P 500 單年報酬 (1961 至 2022)

（資料來源：狂徒回測）

近年最令人印象深刻的例子，就是 2020 年的新冠疫情。疫情破壞了經濟生產，也讓世界各國的股市經歷猛烈下跌，當時專家們普遍對前景感到悲觀，認為各國都需要好一段時間才能恢復原有經濟狀況。

　　不過僅僅經歷幾個月，股市就迎來百年少見的快速攀升。莫非是經濟突然復甦了嗎？只能說影響股市的因素太多，雖然長期而言經濟發展確實推動了股市成長，但短期來看，經濟數據並不足以幫助我們預測股市。

總經指標 2　景氣對策訊號

　　台灣國家發展委員在每個月的月底，會根據九個經濟指標編製上個月的景氣燈號（例如：六月底公布五月的景氣狀況），供投資人作為決策參考的依據。其中是以紅→黃紅→綠→黃藍→藍燈分別代表景氣由繁榮至衰退的概況。

　　這種景氣燈號其實就像交通號誌燈：紅燈會有讀秒的機制，讓你知道多久後會變成綠燈；綠燈快要熄滅的時候，也會有黃燈警示。也就是說，駕駛看燈號時都有預期心理，知道何時將變換到下一燈號。景氣對策訊號也一樣，因為公布後大家都能看到，就把預期心態直接反映在股價上。換句話說，相信景氣復甦能帶動股價上漲的人，很可能在景氣衰退就預先布局了。當正反消息都被抵銷，就沒有獲利空間。此外，由於景氣燈號的公布時間，與實際狀況間隔近兩個月，無法即時反映市場當下狀況，落後的資訊當然也對預測股市也沒有幫助。

總經指標 3　失業率

　　幾年前工作時，有位公司主管負責新人的教育訓練。當時他自

信地說，他發現「美國的失業率」是判斷股票最準的領先指標，要求
所有人務必要特別關注這個數據。當時的我懵懵懂懂，便照著記錄，
但現在的我要請你忘掉這段「發現」，因為用失業率來預測股市是無
效的。

最簡單的原因在於：每個人對於失業率的解讀並不相同。失業
率太高可能導致經濟發展阻力變大；失業率過低，可能代表企業產能
將出現缺口，也不是好現象。況且失業率的數據本身，是根據某段期
間的求職人數認定，而非實際沒有工作的人數，也無法真實反映當下
的就業市場情況。如果景氣大好，讓大家願意找工作，這時反而可能
推高失業率的數字。

總括來說，不管失業率高低，對經濟的影響都來自人為預期，
並沒有標準答案，當然也就無法作為預測股市的標準。

總經指標 4 聯準會升息與降息

KEYWORD

聯準會

聯邦準備系統（Federal Reserve System，Fed）簡稱聯準會。是美國
的中央銀行，也是全世界最具影響力的金融機構，負責維持美國貨幣政
策與金融系統的安全性與穩定性。

　　「只要聯準會升息，股價就會下跌。」有些人覺得緊盯聯準會的各種政策，就能捕獲影響經濟的人為因素。特別是 2022 年全球籠罩升息氛圍，不少投資專家因對股票的前景感到悲觀，認為錢會從股市流出。但相信你已經知道：消息本身並不一定會讓股價朝你期待的方向走，有時市場會毫無反應，有時又會反應過度，就跟賭博沒兩樣。

　　表 3-3 是《一年投資 5 分鐘》的作者小資 YP 在網站上整理的數據。由圖中可看出，從 1971 年至今主要八個升息區間內，S&P 500 指數只有一次是下跌的，和一般人對「升息一定會造成股價下跌」的想像有相當大的出入。

表 3-3：1971 至 2018 聯準會 8 次升息與 S&P 500 對照

升息日期	起始利率	結束利率	S&P 500 股價表現
1971 至 1974	3.75%	13%	−7.52%
1976 至 1981	5.50%	20%	68.38%
1983 至 1984	9.50%	11.50%	8.05%
1985 至 1988	6%	9.75%	54.42%
1994 至 1995	3.25%	6%	4.45%
1999 至 2000	5%	6.50%	10.48%
2004 至 2006	1.25%	5.25%	17.74%
2015 至 2018	0%	2.50%	28.37%

（資料來源：小資 YP 投資理財筆記）

我們回頭看看降息：在 2020 年 3 月 3 日新冠疫情初期，聯準會緊急降息，股價卻繼續下跌；3 月 15 日聯準會又再次降息，股市仍舊沒有好轉。光是這兩週的股價，總共就跌了超過 20%。有人從經濟層面解釋，降息對長久經濟發展有害，導致投資人悲觀看待；也有人從市場情緒解釋，降息不停可能代表聯準會掌握了更糟糕的經濟狀況，反而害投資人想要撤離，理由怎麼說都正確，但結果怎麼看都錯誤。

有個笑話是這樣的：「當十個經濟學家坐在一起開會，可能會出現十一種不同的意見，因為其中一位自己持有正反兩種觀點。」降息可以有兩種截然不同的影響，升息當然也一樣。即使是聯準會的貨幣政策，也難以成為成功擇時的指標。**因為每一個經濟數據影響股市的週期與力道都不同，股價始終是所有力量的集合體，而不只受單一事件決定。**

如果只拿一個指標來預測，恐怕過於樂觀，同時也不可能有人能掌握所有預測指標並全盤分析。想把這種投資策略，套用到擇時進出的層面上，將會是難以達成的任務。

④ 技術分析，不推！

回想一下，你記憶中第一次接觸到「股票」的時候，是什麼印象？沒猜錯的話，紅綠交錯的線條、上下起伏的圖表，一位西裝筆挺

的專家手拿一支指揮筆，口沫橫飛地解說⋯⋯這可能就是你對股票的第一印象。

有人說：技術分析是統計後的結果，能免去人性上的偏誤，所以比人腦直接判斷行情還更準確。我們過去也誤以為要投資就要先學會看線圖，投入不少精力研究，但最後得出的結論是：技術分析高度無效，一般投資人根本不該選擇這種策略。

環顧身邊，技術分析派的投資者不在少數，或許你也曾經嘗試過。所以接下來會列出我們不推薦技術分析的 5 個理由，希望可以幫助你重新評估未來是否要繼續採納：

理由 1　沒有人能透過歷史預測未來

KEYWORD

回測

指透過歷史數據，來檢視自己的投資策略是否符合自己的期待。

技術分析本質就是**「用過去的資料，預測未來的價格走勢」**。[10]

---

[10]　有些交易員認為技術分析不是用來預測走勢，不過他們對行情特性還是多少有預期，包括型態、振幅或波動率。

想一想：你會不會根據這期大樂透的開獎號碼，來推定下一期的中獎號碼呢？顯然兩次的開獎是獨立事件，這一期的號碼跟下一期的號碼毫無關聯，而股市短期的走勢也是像樂透一般隨機開獎。

認真一點的技術分析者，會用電腦程式輔助來回測自己的投資策略。但就算回測到一個過去勝率超高的策略，也可能只是在過去某個區間碰巧的結果，不一定代表未來能持續奏效。

《漫步華爾街》一書提到：有人將世界各國的資料拿來和S&P 500指數分析，看看什麼指標跟美國股市最相關，最後找到的答案居然是孟加拉的奶油產量。資料顯示，孟加拉的奶油產量跟S&P 500指數的相關度非常高。如果把變數擴大到美國與孟加拉的奶油總產量、美國的起司產量以及美國跟孟加拉羊隻數量，相關度甚至更高。

我相信即使看到這樣的數據，也沒有分析師會真的拿奶油、起司或是羊的數量來預測股市。因為這樣的高度相關，明顯只是回測極大量資料時「碰巧」搜尋到的結果。但如果把奶油、起司和羊的數量，替換成各種總經指標或是技術分析訊號呢？

用上百個技術指標去分析，當然有機會出現幾個指標有漂亮的回測績效，但這就像孟加拉的奶油產量一樣，很可能只是個碰巧的結果罷了。簡單來說，在這些技術上鑽研，很難幫助你掌握正確的答案。當最終結果和隨便猜的機率差不多，明顯代表這個方法是無效的。

理由2 過多「憑感覺」的主觀意識

　　技術分析投資人認為自己的交易都是有幾分證據（根據線圖）說幾分話，但仔細觀察各種技術指標和趨勢圖之後，會發現裡面含有太多主觀成分；就算是同一個名詞，大家也常有不同的理解，各說各話。

　　例如：在技術分析中，成交量大被稱為「帶量」。問題來了：多大的量才能被稱為「帶量」呢？幾年前，我曾向一位技術分析派的主管請教：「要怎麼判斷這個成交量是真的大量呢？」結果他給我的回覆是：「就……感覺啊。看好像比旁邊多，就是一種大量了！」這讓我心裡充滿了質疑——要看「感覺」的話，不就完全是個人主觀的判斷嗎？

　　如果有個數列是〔1，1，10，1〕，大家當然能輕鬆看出 10 比旁邊的數字大；但整個數列如果其實是〔1，1，10，1，1，10000，10〕這時跟 10000 相比，1 和 10 都顯得微不足道了。同樣地，如果把投資時間拉長來看，或許後續數列全是五位數以上的數字，那當下的數字或許根本不是「大量」。

　　在技術分析的世界裡，不同時間點或是不同的主觀想法，都很可能造成完全相反的判斷結果。當資訊無法正確傳遞，就容易出現誤差；當分析本身都不穩定，更別寄望它有辦法預測股價了。

理由3 無法適用所有狀況

　　《窮查理的普通常識》的作者查理·蒙格（Charles Munger）在

書中提到：「當你手裡只有錘子，在你眼裡，所有東西都像是釘子。」
當人的知識量不足時，遇到所有問題就只會用一種方法解決，但偏偏
有很多狀況無法這樣簡單套用。

　　技術分析有非常多自圓其說的案例，對於曾經有效後來卻失敗的
訊號，技術分析者總是會為它找個「說法」。例如：股價突破某幾條
線後應該進場，後續走勢和預期相反的話這個突破就會被歸類為「假
突破」。

　　如果交易者不去質疑策略本身的合理性，反而先把失敗定義成
「假」，這就十分不智。習慣自圓其說的後果，就是一群人手中只拿
著鐵鎚（技術分析），看到什麼東西都當作釘子來敲。不管是利率、
匯率、股票、波動率……等全都用技術分析檢視，當你沒有工具箱的
概念，就無法思考如何正確因應實際狀況。

理由 4 　針對價格的短線投機心態

　　技術分析就是一個用過去歷史來預測未來的後照鏡行為。回測
歷史、理解過去並沒有錯，但技術分析除了「預測」，還有使用過短
區間的問題。

　　幾乎所有技術分析都只用極短時間操作，試圖抓出短期的買賣訊
號，例如：使用以分鐘為單位的 K 線圖或極短天數的指標進行分析。
這完全和市場特性背道而馳，成功機率當然就進一步降低了。

　　長期投資的好處，前面已經談論得非常多，這裡就不贅述。總

而言之，技術分析者只注重短期交易，並沒有長期投資的意識。如果你抱持著正確的投資心態，那技術分析絕對不是個好選擇。

理由5 花時間殺進殺出，結果還輸大盤

你可能會注意到：還是有一些技術分析者能賺到錢，特別是遇到市場漲勢明顯的時候，什麼指標看起來好像都很有用。而這就需要回到本書的核心：投資全市場大盤。

假如全市場上漲 30%，有人用技術分析只賺了 18%，這根本不值得開心。投入更多時間使用技術分析，若最後還得到比單純買進持有更差勁的報酬，那完全是在浪費時間。若再加上手續費、交易稅這種交易成本後，技術分析的成功機率又比你想像中的更低，透過這些訊號殺進殺出，到頭來發現賺得比市場大盤少，實在太不值得了。

既然技術分析有那麼多缺點，但為什麼還是有這麼多人愛使用呢？最主要的原因在於，技術指標可以讓投資人快速得到結論。哪怕這套方法禁不起推敲、哪怕你根本不清楚背後原理，技術分析就像是背書代公式一樣，能讓你馬上對行情給出一個答案。

如果你從未接觸過技術分析，那太好了，希望你從此以後也都不需要接觸；但如果你過去是技術分析的支持者，或是曾經猶豫過是否要採用，那我們真誠建議你重新考慮。特別是單純想要買 ETF 投資的人，真的不建議浪費時間在技術分析上。就算技術分析指標的勝

率有高有低，但時間拉長來看，考量交易成本與閒置資金後，依舊有劣勢，唯有買進並持有全市場才是最佳解。

堅持買入持有，才是真正好策略

　　小安想學投資賺錢，但對買股票完全沒有頭緒。有天她看到朋友推薦某支股票好，就跟著買來試水溫。買入後發現股價不漲反跌，小安便責怪朋友亂推薦。抱怨完之後，她也懶得再管股票是否虧錢，反正就放著被套牢，等看看哪天會解套。然而當股價好不容易漲回來，她又猶豫「真的要賣嗎？會不會賣了就繼續漲？」最後還是緊張地趕快賣掉，深怕股票又跌回去。結果忙了一大圈，到頭來也沒賺什麼錢，只多了幾百塊而已。

　　這樣的故事，是不是讓你感到很熟悉呢？「沒賺什麼錢」已經是不錯的結果了，因為有很多人根本等不到股價漲回來。你可能會發現，身邊有在投資股票的人，幾乎都是憑感覺交易。就算有一套嚴謹的交易策略，都不保證一定可以成功了，一般人憑感覺的賭博操作，勝率當然就更低。

　　從前面的說明可以得知，大部分的擇時策略之所以無法發揮成效，不外乎以下 4 大原因：

1. 持有過多現金，容易讓你錯過少數暴漲的天數
2. 難以分清楚是運氣好，還是真的有效
3. 預測得準還不夠，動作比大家更快才有用
4. 就算真的有效，也會因為越來越多人使用而失效

買進後堅持不動，是一個看起來簡單，但執行起來卻需要很大的毅力。有個以色列專業的足球研究團隊，在觀察了數千場比賽後提出一個結論：面對 12 碼罰球時，守門員如果待在原地不動，擋住球的機率可以提升 20% 以上，但一般的守門員卻還是習慣性地往其中一邊撲去，想要透過自己的行動攔下這顆射門，反倒大大降低了成功的機率。[11]

本篇想要強調的重點就是：擇時操作並不會幫助你贏過最簡單的買入持有，只會耗損精力、傷害報酬和增加成本而已。**堅持待在原地不動，這種看似消極的舉動，反而才是真正聰明的策略**，而這需要長時間的練習才能做到。

最佳的持有策略，就是待在原地不動，那面對投資市場的無常，難道遇上任何危險都不用閃躲嗎？別擔心，還有一個秘密武器可以協助你妥善因應各種危險，那就是下一章要談的「資產配置」。

---

11   資料參考：陳志彥《化繁為簡的逆思投資》（今周刊，2018）。

Chapter 4

完美的
投資組合與
資產配置

4-1

常見資產特性：
現金、股票、債券比一比

資產配置：找到專屬你的答案

KEYWORD

流動性

市場對一項資產需求越高時，通常越容易交易，而「流動性」就是在衡量容易交易的程度。流動性差的資產，可能導致投資人付出或收到不划算的價格。

　　我們已經知道，不要買個股或特定的產業，而是選擇大範圍分散的 ETF；也不要判斷進出場時機，只要儘早且持續讓資金參與市場的成長就好。

　　不過由於資產特性評估起來比較容易，再加上每個人的目標不同，因此投資人在配置比例上，可以有更多主觀決定的空間。我們先來認識各類資產，作為後續正式配置時的參考依據。

① 現金：所有人必須配置的資產

泛指錢包內的硬幣、鈔票和銀行體系的存款數字。現金有很好的流動性，因此可以直接用來交易其他資產，也成為我們購買商品的主要工具。現金的穩定性來自發行機構背後的政府和軍隊，比方說美元或歐元等貨幣就廣為世人所用，而辛巴威或委內瑞拉的貨幣就因為國內不穩定而失去大部分價值。

資產特性

將現金放在銀行裡，銀行會定期支付利息給你，看起來穩定又安全。但各國政府會為了維持貨幣流通性或考量經濟狀況，而選擇持續印鈔，以使鈔票數量增加。這時候鈔票所能換到東西的價值就會下降，造成物價的上漲，也就是所謂的「通貨膨脹」。

錢存銀行雖然不需要承擔短期波動，但如果銀行利息追不上物價上漲的速度，我們的資產就等同於變相縮水。短期看似安全的決定，反而會讓你陷入長期的危險當中，因此我們才鼓勵每個人都要認識其他風險資產類別的投資。

配置思考

現金是公司重要的資產。公司之所以會破產，通常不是因為賠光所有資產，而是因為財務狀況太過吃緊，使得現金流無法周轉，

最後出現失敗的連鎖反應。考量泛用性和方便性，唯有現金是所有人都「必須」配置的資產。

　　如果你平時現金流抓得太緊，就容易因為一個小小意外而影響整個計畫。因此，你必須為可能的意外建立防護措施，這時預留的現金並非為了加碼股市，而是增加自己容錯率與彈性的重要手段。

　　就短期而言，現金是最有用的資產，幾乎能幫助你買到所有東西。不過如前面所言，雖然現金短期看起來安全，長遠來看卻會被通貨膨脹慢慢侵蝕。所以當你保留完緊急預備金以及必要開銷後，應該用「不影響生活的閒錢」進行長期投資規劃，以換取更長遠的安全。

② 股票：配置中獲取報酬的主力

　　有些公司需要錢的時候，會選擇讓出公司的一部分所有權，以籌措更多資金。股票代表公司一部分的所有權，而持有股票的投資人就是公司的老闆之一，俗稱「股東」。

　　購買股票也稱為「股權投資」，股東有資格享受公司部分的獲利。如果公司決定把股票放到公開市場上，一般投資人就能夠在股市中自由交易；股東在分擔公司的風險之餘，也能合理期待股東報酬的上升。所謂的投資股票，應該是指長期持有一家公司的股票、成為該公司的股東。

　　和其他資產比較，股票之所以被稱為「風險資產」，是因為公司的獲利和市場情緒難以預期，所以股價變動和風險較大，不過相對地，股市的長期報酬也較佳。

　　後續金融界也出現了 ETF、基金等類型的工具，讓我們能一次持有大量不同公司的股票。本書中絕大部分關於股票的討論，也都不是指單一公司，而是大範圍分散後的股票 ETF。

資產特性

　　股市大盤在短時間內的波動接近隨機，所以會造成投資人的資產淨值不穩定，也會有下跌導致無法變現的風險。不過當時間拉長之後，股市大盤打贏現金和通膨的機率將大幅增加，投資人也會變得更富有。

　　依照市值我們可以將股票分成大、中、小以及微型股。依照過去長遠的歷史來看，市值越大的股票，普遍來說比較穩定；市值越小的類別（小型股與微型股）波動比較劇烈，但或許也因為波動較為劇烈，在過去創造了比大型股更好的報酬。

　　綜合來說，只要長期且廣泛地持有全市場股票組合，基本上都能取得亮眼的績效。

配置思考

　　在看到這本書之前，你可能對股票沒什麼好印象。不過就像前

面一直強調的，**透過低成本且大範圍的分散，長期下來股票報酬有很高機率贏過其他資產。**因此，股票通常會是長期配置中最大比例的風險資產，也是獲取報酬的主力。

不過，由於股票短期劇烈波動的特性，容易讓投資人無法安心持有。此外，如果持有期間過短，需要賣出股票時，很可能不幸處於下跌階段，因而蒙受損失。所以 100% 持有股票未必是最佳選擇，你應該瞭解其他資產的特性，以更貼近自己的期待。

③ 債券：增加配置穩定性的選擇

債券是公司或政府的一張「借據」。既然是借據，當然要先說好借錢的金額以及每一期的利息。當我們持有債券時，每隔一段時間都能收到利息，最終到期的時候，對方還要歸還一開始的本金。投資人可以把債券轉手或跟其他人買債券，因此債券也有自己的市場，稱為「債市」。

債券可以依照信用評等簡單分成公債、投資級債券和高收益債等等。其中的公債依照還款的期限又能再細分成短期公債、中期公債和長期公債。

無論是上述哪一種類別，我們都可以透過 ETF 的方式交易，本書便是以債券型 ETF 代表債券類別的資產。

資產特性

　　債券的根本性質與股票不同。股票是與經營者一起承擔風險，換取高獲利的可能；債券則是借錢給經營者，只求拿回事先約定的利息與本金。

　　也就是說，公司必須優先償還債權人的利益，等債權人的權益都獲得保障後，才會輪到股東們的利益。因此債券在本質上會比股票更加穩定安全。下面是幾種不同的債券類別：

1. 公債

　　指政府發行的債券。如果選擇配置公債，考量穩定性與投資方便性，應以美國政府發行的公債為主。

　　依照還款期限，債券能分成短期公債（1 至 3 年內到期還款）、中期公債（3 年至 10 年到期還款）和長期公債（10 年至 30 年到期還款）。還款期限越短的債券，波動通常比較低，但報酬也相對比較差。這其實很好理解：我跟你借 1,000 元並約定明天就還你，或是我跟你借 1,000 元，但約定 30 年後才會還你。兩者相比，當然是時間拖得越久越容易有變數，也就需要支付越多利息，你才願意借我。

　　短期公債雖然比較穩定，但特性較趨近於現金；而長期公債，通常與股市有更強的反向關係，但也更受利率風險影響，本身波動起伏較為劇烈。

2. 投資級債券

　　國際上主要有三間專門為債券評級的機構，分別是標普（Standard and Poor's，S&P）、惠譽（Fitch）和穆迪（Moody's），會依照風險給債券打分數。[1]符合一定條件的債券（BBB 或 Baa 以上），就稱為投資級債券，風險會比單純的美國公債更高一些，但比下面介紹的高收益債更安全。

3. 高收益債券（垃圾債券）

　　借錢出去最怕的就是對方不還錢，而這個舉動在債券領域就稱為「違約」。如果一個機構違約比率很低，它通常不需要有很高的報酬就能吸引到金主；但如果一張債券的違約風險高，就只好把利率拉高，才會有人買，這就是高收益債券的特性。評級如果不到 BBB 或 Baa，就屬於高收益債券，也因為評級低，又稱為「垃圾債券」（junk bond）。[2]

配置思考

　　雖然長期來看，債券的報酬有很高機率落後股票，但透過配置債券這類型穩定的資產，可以讓計畫進行得更加順利。

1　債券的信用評級由高到低大致以 A、B、C 劃分，各家機構細分評級的方式略有不同。
2　由於歷來常有投資人以為垃圾債券基金能帶來高收益，金管會於 2022 年開始強制禁用基金的「高收益」名稱，並改為「非投資等級」債券基金。

　　配置債券時，投資人主要該考量公債與投資等級債的比例。如果你希望持有目前最安全的資產，美國的中短期公債會是你的好選擇；如果你想要跟股市有更強的負相關性，能接受比較大的波動，那美國的長期公債也是選項之一。不過如果你沒有特別的想法，選擇廣泛分散的投資等級債即可。

　　至於高收益債（垃圾債券），看似有較高的配息率，但正是源自風險較高，才需以更高的配息率吸引投資人。由於整體波動跟股市差異不大，偏偏報酬又略遜於股市，因此資產配置時，我們通常會把高收益債（垃圾債券）排除在外。**3**

　　我們認為股票、債券與現金的配置，已經可以滿足大部分的需求。如果你不希望花太多時間設計與維護自己的組合，對資產的認識到這裡已經足夠。但如果你想進一步持有更多種類的資產，期待自己在不同經濟循環中，都能更加穩定地度過，也可以考慮加入下面介紹的其他資產。

3　常見的高收益債基金，雖然發放很高的配息，但它的配息很可能來自你的本金。

④ REITs（不動產）：小資也能安心收租金

REITs 的全名是不動產投資信託基金（Real Estate Investment Trust）。它將不動產證券化，讓一般投資人得以用很小的資金，參與不動產領域的投資，而且還不需花時間親自處理房屋與租客問題。REITs 以各種租金收入為主，主要標的包含商業不動產、各種有租金收入的土地以及建築物。

資產特性

REITs 在某些區間提供了比股市還更亮眼的報酬。也因為租金基本上都會隨通貨膨脹持續調升，所以 REITs 很適合當作投資組合中減緩通膨影響的配置。

配置思考

REITs 可以滿足一般人對「包租公」或「包租婆」的嚮往，少少的資金就可以參與不動產投資，而且還能分散到全世界各個國家，這是它非常大的優點。不過，考量最大下跌幅度和波動性，REITs 風險調整後的收益整體和股票相差不大，整體而言為投資組合帶來的正面效益不明顯，若你覺得麻煩的話，也不一定需要配置。

⑤ 原物料

包含能源（石油、天然氣等）、食物（玉米、小麥和黃豆等），還有貴金屬（白銀、黃金等）之類的商品，涵蓋範圍非常廣。

資產特性

商品本身不會提供「內部價值」，無法自己成長。它主要的報酬和虧損是來自人類賦予的價格變化，所以持有者常帶有一些投機預期，也因此有一群投資人覺得這類的配置毫無道理。不過在通貨膨脹時期，原物料常會漲價；戰爭的時候，黃金等避險資產就有可能上漲。也就是說，這些配置可以在特殊狀況時發揮保護效果。

配置思考

以近 15 年來說，黃金和原物料風險調整後的收益可能會讓投資人失望（**圖 4–1**）。黃金和原物料商品除了波動更大，報酬也落後，因此我們不建議將它作為主要配置。若你不想犧牲報酬來換取這些特殊狀況下的穩定性，完全不配置原物料也沒有問題。但如果你特別擔心某些通膨狀況或戰爭，考慮到整體資產的波動性，少量配置（10% 以內）也是可行的做法。

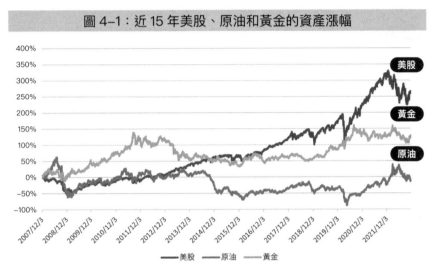

圖 4-1：近 15 年美股、原油和黃金的資產漲幅

（資料來源：狂徒回測）

COLUMN

—— 狂徒專欄 ——
掌握債券的機制和原理

「殖利率曲線」與「殖利率倒掛」

「警訊！Fed 最關注的殖利率曲線出現倒掛」、「美國市場出現殖利率倒掛，顯示衰退將至，或者經濟已經處於衰退……」這可能是你最近常在新聞上看到的訊息。

「殖利率」是假設投資債券並持有到期，投資本金預期的年平均報酬率。債券本身的期限，稱為「債券到期日」。如果我們把到期日和殖利率一起畫出來，就會得到「殖利率曲線」，一般如**圖 4-2 左**所示。

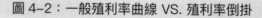

圖 4-2：一般殖利率曲線 VS. 殖利率倒掛

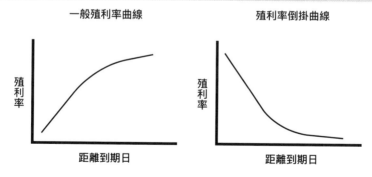

假設有一張三十年長期債券和一張三個月的短期債券，殖利率都是 1%，你會選哪個？理性投資人會選短期債券，因為在相同的殖利率下，

本金會比較早回來。如果你有長期持有債券的需求，大不了到期再買新的即可。這時短期債券會吸引更多人購買，導致價格被推高，殖利率也隨之下降。因此，短期債券的殖利率通常較低。

不過，在特殊狀況下，長期債券的殖利率會受到市場機制影響，降到短期債券之下，也就是我們常聽到的「殖利率倒掛」（**圖4-2右**）。造成殖利率倒掛的原因很多，通常和市場對經濟的悲觀預期有關。如果經濟衰退，央行可能降息，這時長期債的價值更高。所以當市場預期經濟衰退時，投資人很可能搶買長期債，導致殖利率迅速降低。

動態調整股債比例能獲得優勢嗎？

債券的知名度遠不如股票，但在金融市場上卻是非常重要的一環。與股票相同，債券也是風險資產，不過因為它屬於「固定收益」資產，債價的波動程度和長期報酬也會比較低。相對於股票，債券更像一種政府和人民的橋樑。當大部分投資者關注經濟和政策層面，新聞上就會有債券名詞輪番出現。站在散戶投資者的角度，雖然很多交易方式和協議都只存在於理論中，但我們依然可以嘗試解讀機構或國家的動機。

你可能覺得，債券的價格比較好算，至少不像股票這麼虛幻。不過實際上，債券市場比股票市場更加殘酷，因為許多國家、機構和法人都在此處投資。我建議各位讀者了解政策的訊號，是因為知識能讓投資更有信心，但我並不鼓勵利用算式或是經濟變化來擇時。因為當大家都會算的時候，你的策略並不會有額外優勢。另外，我也非常建議大家在投資組

合中配置一些債券，因為就歷史來看，簡單的股債結合就能有效提升風險調整後收益，讓我們吃到免費的午餐。

講到這裡，你可能又開始動起腦筋：能不能隨時調整股債比例，讓兩邊的獲利都極大化呢？理論上可以，但是實際上很難，因為市場太有效率了。直覺上，既然經濟可能會衰退，那麼動態調整股票和債券的比例，應該能獲得優勢。根據尤金・法馬（Eugene F. Fama）與肯尼斯・弗倫奇（Kenneth R. French）教授的論文顯示，72 種殖利率擇時策略有 67 個反而得到比被動策略更低的報酬，而且沒有證據顯示投資人能夠預測債券報酬率的變化。[4]換句話說，買進持有反而有很大的機率贏過這些「聰明投資人」。

美國的債券經歷了自從 1980 年以來的降息周期，到了 2020 年的時候，利率已經接近 0，當時有些人擔心資產配置中的債券會失去價值，但實際上投資人並不一定會受到損失。AQR 有一篇論文模擬了不同殖利率下限對債券在投資組合中的影響，如**圖 4-3**。他們發現這些預期心理根本**不減損債券為投資組合帶來的分散好處**，除非市場認為明年的殖利率不可能下跌超過 0.5%。因此，投資者通常不必對「殖利率觸底」感到恐慌。[5]

4　Eugene F. Fama and Kenneth R. French. Inverted Yield Curves and Expected Stock Returns. 28 July 2019, https://famafrench.dimensional.com/essays/inverted–yield–curves–and–expected–stock–returns.aspx.

5　AQR Capital Management, LLC. Yield Floors and Asset Allocation: When Is the Role of Bonds Impaired? https://www.aqr.com/research–archive/research/alternative–thinking/yield–floors–and–asset–allocation–when–is–the–role–of–bonds–impaired.

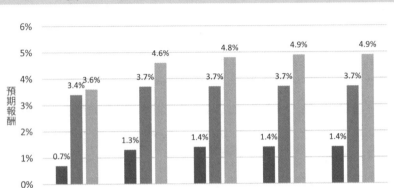

圖 4-3：預期殖利率最大跌幅 VS. 組合表現

（資料來源：AQR – A Yield Floors and Asset Allocation: When Is the Role of Bonds Impaired?）

由於市場高度有效，如果所有人都預期債券之後會下跌，那很可能在當下就會開始拋售債券，導致下跌提前。從報酬的角度來看，債券投資人的主動判斷並沒有額外優勢。

另一方面，債券能有效分散投資組合的「波動風險」，這個特性比報酬本身更吸引人。整體而言，我建議各位讀者先掌握債券的機制和原理，然後當成資產配置的原料。如此可以因為知識而放心，也能享受配置的好處。

4-2

為什麼我們需要資產配置？

投資不是非黑即白──主動與被動的量表

雖然這整本書都在推薦被動的指數化投資，但實際上沒有人可以百分之百被動跟隨市場。

有人覺得投資大型股就足以代表整體市場，但如果把中小型的股票（例如：台灣的上櫃、興櫃股票）都納入投資組合，又可以更完整的代表市場；有人認為投資大、中、小型的股票就代表市場，但股市又可以搭配債市；甚至有些人認為要把房地產、黃金、原物料全都納入，才能稱作「完整地跟隨市場」。

另外，所有投資人一定會面臨「主觀選擇」的問題：要多久投入一次資金？要不要配債券？要如何設計股債比例？還要配置哪些資產？如何執行再平衡？就算我們不用煩惱如何「選股」跟「擇時」，卻無法避免諸如此類的各種問題，而這多少都帶有一定的「主觀成分」。

投資不是非黑即白的是非題，兩個極端之間還有無數種灰。主動與被動之間確實有一些模糊地帶。因此我們先為你訂立出量表，提供一個初步的參考方向（**表 4-1**）。

表 4-1：投資的主動與被動量表

	不是投資	主動 ←——→	偏被動 ←——→		最被動	
調整比例	憑感覺	個人策略	景氣循環	偏離比例平衡	定期再平衡	資產自然成長
配置比例	亂配	動態配置	戰略配置	客觀優化	加入主觀需求	市值加權
篩選範圍	亂買	單押個股	策略篩選	因子投資	單一國家	全世界
交易時機	憑感覺	擇時進出	空手等待	主觀加碼	分批投入	儘早投入
槓桿操作	賭徒心態	只評估獲利	隨時調整槓桿	單日固定（槓桿 ETF）	長期固定（期貨、貸款）	維持原始倍率

雖然「定義」都是由人賦予的，每個人對名詞可以有各自的解釋，為此爭論意義不大；但為了幫你釐清觀念，我們認為表格中最右邊三行，都能算是被動投資的範疇。

至於表格偏向左側的行為，帶有更多「主動」的成分。市場上大部分未經學習的投資人，多半是處在表格最左邊的位置，全憑感覺交易、沒有特定策略，希望有人告訴他買什麼會漲。但這樣的心態，幾乎不可能在市場上討到便宜。

要不要冒險是個人自由，但如果不知道自己正在冒險，那就是

個差勁的選擇了。既然你都一路讀到這裡了，應該也不希望自己無意間曝露在主動的風險之下。

我們在這裡列出這個表格，正是因為資產配置的問題不像前面選股與擇時的篇章，只要掌握重點就幾乎能讓所有事情迎刃而解，你會遇到各種沒有標準答案的問題。不過，只要把握**「低成本」**、**「多元分散」**和**「長期持有」**三個原則，要掌握資產配置並非難事。

神奇的分散投資，全面優化你的結果

假如有一個神燈精靈，送你一枚公平又神奇的金幣。你只有一次機會，丟到正面的話，精靈就會幫你把現有的財富直接翻倍；但如果運氣不好丟到反面，他就會拿走你一半的財富。你敢不敢玩一把呢？這裡用一張表格來表示正反兩面的情形：

	正面	反面
機率	50%	50%
結果	翻倍（+100%）	腰斬（-50%）

經過計算後會發現，丟一次金幣的期望值是：[0.5×(+100%)] + [0.5%×(-50%)] = 25%。也就是說，每丟一次金幣你的資產平均會變成原本的 125%。

　　這是個正期望值的遊戲，看起來似乎對你有利。但你一定也會擔心，萬一運氣不好而丟到反面，只丟一次好像也賭太大了吧？

　　偷偷分享一個小訣竅，你可以跟神燈討價還價：「賭一次太掃興了！不如這樣吧，把風險與回報都變成百分之一。如果丟到正面讓我賺 1%，反面的話減少 0.5% 就好，不過讓我賭 100 次。」或許神燈精靈聽完後，覺得機率沒什麼差別，就會爽快答應你。

　　現在，你丟一次的期望值從賺 25% 變成只賺 0.25%；不過丟 100 次的話，最有可能出現 50 次正面和 50 次反面，這時你的資產平均將會變成 $(1+0.01)^{50} \times (1-0.005)^{50} \fallingdotseq 128\%$。看起來一樣的機率，居然因為換個丟法就比原本的方案更有利了！

　　「這是什麼妖術？」精靈這才驚覺不是只有自己會魔法。但精靈被佔的便宜還不只有這樣，既然平均運氣之下的期望值提高了，那最幸運以及運氣最差的狀況呢？

　　最幸運的狀況是指，連續丟 100 次都丟到正面的 +1%，這時最終結果會變成 $(1+0.01)^{100} \fallingdotseq 270.5\%$，甚至還比原本翻倍方案的 200% 高了許多。就算遇到運氣最差的狀況，連續丟 100 次都丟到反面 -0.5%，總額會變成 $(1-0.005)^{100} \fallingdotseq 60.6\%$（也就是減少 39.4%），還是比原本腰斬的 50% 好上一些。這裡把各種丟金幣的結果整理一遍：

	平均運氣	最幸運	最不幸
原本規則：丟一次	+125.0%	+200.0%	−50%
神奇分散：丟一百次	+128% 勝	+270.5% 勝	−39.4% 勝

你沒看錯，不論有哪一種運氣，分散丟硬幣法全都贏過只丟一次的賭局。換句話說，**「連續而小幅的成長」是對長期報酬更有利的情況。**

第二章提及的「分散投資」，其實就是資產配置觀念中的一環。配置的意義在於「增加成功率」和「提升長期報酬」。即使會犧牲掉一夕暴富的可能，卻能讓我們安心處理報酬與波動，也更安心地把大筆資金一次投入市場，並合理期待資產的長期成長。

就連神奇的神燈精靈，也不禁佩服這種「分散」的做法，簡單調整了賭局的形式，就讓結果取得了全面的優化。

資產配置就能解釋投資組合 90% 的波動度

資產配置有一個非常重要的前提：**我們無法預測，未來哪一個資產的表現「一定」會比較好**。畢竟如果你有辦法確定哪一個資產表現最好，那完全不需要配置，只需要把所有資金全押在表現「一定」最佳的資產上就好。

　　現實狀況是：**沒有人有辦法預測未來**。雖然長遠來看股票擁有較高的正報酬機率，但這畢竟是用短期的不確定所換得的報酬，很難確保你要用到這筆資金的時候，股票會剛好處於正報酬的階段，所以大多數人才都需要考慮資產配置。

　　研究指出，大部分的選股和擇時都沒有意義，因為「資產配置的策略」約佔了組合中大約 90% 的解釋力。[6]簡單來說，資產配置是整個投資計畫中最底層的架構，把底層的架構與材料準備好，勝過枝微末節的各種努力。

　　說個真實故事：小狂曾騎著一輛原廠馬力超過 200 匹的大型重機在等紅燈，隔壁停了一台白牌的改裝車。駕駛看了小狂一眼後一直催油門，似乎是在刻意對他挑釁。

　　綠燈一亮，駕駛全速向前衝，馬上領先小狂一段距離，見小狂沒有跟上去，還刻意放慢速度「等待」。諷刺的是，小狂根本沒有要和他比賽，只是稍微轉了油門，就狠甩他一條街了。輸贏結果跟技術無關，純粹是兩台機車的配備差距過大，因此這樣的競速完全沒意思。

　　在投資領域也一樣，就算你有很強的選股和擇時能力，也難以

6　Gary P. Brinson, Brian D. Singer and Gilbert L. Beebower. "Determinants of Portfolio Performance II: An Update." Financial Analysts Journal, vol. 47, No. 3, May–June 1991, pp. 40–48.

敵過一個會資產配置的投資菜鳥。我們應該將時間和精神花在刀口上，先考量影響結果最大的資產配置，才能在穩中求勝。就算你希望創造比市場本身更好的報酬（主動投資），比起去挑股票或抓進場時機，把時間花在資產配置的比重上，也會是更有效的做法。具體而言，資產配置可以帶來以下好處：

1. 讓長期投資的過程更加順利

或許大家都認同長期投資的好處，但實際要能長期持有原本的股票，不受市場的恐慌情緒影響，又要在大跌期間堅持不賣出，甚至要遵守買入的紀律，可謂知易行難，偏偏這又是獲取市場報酬的關鍵。

有句話是這樣說的：「有大膽的飛行員，也有老的飛行員，但沒有又老又大膽的飛行員。」高風險的投資組合，或許會帶來更高一點的預期報酬，但如果投資人無法堅持長期投資的話，帶來的損失勢必會更加嚴重。與其如此，倒不如一開始就維持適度的彈性，特別是剛接觸投資的人，更不該高估自己的能力。

2. 增加目標達成的確定性

投資人對於報酬的期待，當然都是越高越好，而真正讓人頭痛的是風險。還記得我們在第二章提及，風險的種類包括「計畫失敗的可能」嗎？雖然部分投資人可以逃過一劫，但實際上的投資報酬

和最終的財務目標，都會持續受到波動影響。因此波動小的投資組合，可以增加最終「目標成功的確定性」。

增加穩定度還有另外一個好處，就是擁有更大的彈性。雖然我們鼓勵閒錢才投資，但如果臨時需要動用到投資組合中的錢，波動度較低的組合虧損的機率也較低。

3. 承擔風險換取報酬的 CP 值

我們先看看 35 年來各類資產的綜合表現，如**表 4-2**。

表 4-2：1987 至 2022 年各類資產的綜合表現

	通貨膨脹	美國股市	非美國已開發市場	歐洲股市	亞太股市	新興市場
總漲幅	2.57 倍	31.49 倍	4.77 倍	10.86 倍	2.39 倍	24.78 倍
年化增長率	2.73%	10.36%	4.56%	7.05%	2.51%	9.60%
標準差	1.51%	17.19%	18.90%	18.99%	21.17%	33.34%
夏普率	−0.069	0.438	0.092	0.222	−0.015	0.203

	短期公債	中期公債	長期公債	REITs	黃金
總漲幅	4.05 倍	6.39 倍	9.68 倍	21.72 倍	3.27 倍
年化增長率	4.08%	5.44%	6.70%	9.19%	3.44%
標準差	3.92%	6.43%	11.94%	18.80%	14.21%
夏普率	0.317	0.406	0.324	0.338	0.043

（資料來源：狂徒回測）

　　大部分的股票和債券，在報酬部分都能成功跑贏通貨膨脹。至於標準差，現金和短期債券明顯較小，股票卻是 15% 起跳。高報酬的背後常伴有高風險，因此直觀來看，如果投資人願意承受高風險，可以多投資股票；如果對風險的看法比較保守，則應該投資債券或持有現金。

　　除此之外，還有一個重要指標：風險調整後收益（參考 P.69 狂徒專欄〈如何權衡風險與報酬？〉）。從圖表中可以發現，個別資產的夏普值大概都在 0.5 以下。也就是說，承受一分風險，頂多能得到半分收益。但如果將不同大類資產結合在一起，就會發生一件很神奇的事情。

　　我們挑選美國股票和長期公債，各搭配一半的比例，然後和原始的表現相比。每年平衡一次，持續 30 年，得到結果如**表 4-3**。

表 4-3：100% 美國股票、100% 美國長期公債和各 50% 混合每年平衡一次，持續 30 年之結果			
	100% 美國股票	100% 美國長期公債	各 50% 混合
年化增長率	9.75%	6.25%	8.65%
標準差	15.09%	10.38%	8.33%
夏普率	0.54	0.42	0.77
索提諾率	0.79	0.67	1.18

（資料來源：狂徒回測）

　　混合的投資策略，報酬介於兩者之間。但整體標準差在不同資

產結合之後，竟然變得比原本各自還低。再看看風險調整後收益，兩者混合之後的夏普值反而提升了。

為什麼會發生這種神奇的事呢？事實上，當我們把多資產組合在一起的時候，由於彼此不完全相關，因此有機會**降低波動並提升風險調整後收益**，而這正是資產配置的重要關鍵。

就像商品有 CP 值一樣，選擇任何配置方式，你都該評估注重風險和報酬的比例。長期而言，股票的預期報酬比債券高，但為了多那麼一點點預期報酬，卻額外承受了大幅波動風險，是否划算就值得你審慎評估了。

配置的選擇與相關性

「均衡飲食」是指攝取各種豐富的營養素和不同顏色的蔬果，其中每一樣都以原型的健康食物為主，絕不是要你吃炸雞、薯條、蛋糕等各種不同的垃圾食物。雖然均衡飲食注重多樣化，但多樣化的前提是健康的食物。

資產配置的觀念也一樣。即使你持有很多標的，也不代表你能得到「資產配置」的好處。要能當作我們配置的資產選擇，最好滿足以下幾個條件：

1. 低度相關性

　　雖然無法預測未來，不過至少我們可以透過回測了解不同資產間大概的特性，只要資產間是低度相關，那就可以發揮一定程度的保護。

　　《漫步華爾街》提到一個簡單的故事，如果有個島嶼下雨跟出太陽的機率完全一樣，投資雨傘與度假村的報酬與風險如**表 4-4**：

表 4-4：不同季節的預測報酬（雨季 / 陽光季機率各半）		
	雨傘製造商報酬	**休閒度假村報酬**
雨季	+50%	−25%
陽光季	−25%	+50%

　　只投資雨傘或度假村的話，會有二分之一的機率賺得 50% 的報酬，剩餘二分之一會虧損 25％的報酬。也就是說，整體期望值是 +12.5%。你運氣好的話可以大賺 50%，但運氣差就是大虧 25%，讓資產處於非常不穩定的狀態。

　　這時候你如果兩個都投資，相互抵銷後，每次都可以穩定獲得 12.5% 的報酬，而且不用擔心運氣造成的波動。這就是組合兩個負相關資產的好處，有助於讓資產變得更加穩定。但在現實中，我們不容易找到完全負相關的資產，所以只要相關性大致在 0.5 以下，整體就能發揮不錯的分散效果。

　　值得一提的是，相關性原本就會根據時間變動。不少人常拿股債同跌的區間，來批評債券已經失效，但綜觀歷史來看，這完全是正常的現象。既然是處於低度相關的資產，那當然還是會有同時下跌的狀況發生。不過基於資產長期上漲以及不同資產間的特性差異，我們還是認同多元配置對於資產的保護與穩定的效果。

2. 長期向上成長的走勢

　　資產配置中有一種狀況應該避免——選擇有機會一路向下的標的。如果你只投資一家公司，或是只持有相對高風險的國家，就算你有長期投資的耐心，它也不見得可以滿足你的期待。

　　配置的時候，我們會挑選長期有向上潛力的資產。因此，我們也不必刻意找完全負相關的標的投資，而是綜合評估兩者在長期發展下都會往上成長，挑選具一定程度低相關的標的。

3. 組合出足夠分散的全市場

　　通常我們不會特別偏重單一區域，不過為了組合出貼近全市場的配置，可能會考量個別資產的特性額外組合。比方說持有美國 ETF 的時候，順便搭配非美的國際市場 ETF。這意味著資產配置的重點不是單一標的，而是注重整體搭配的成果。就算是配置股票以外的資產，為避免眼光不精準或是難以預期的風險，也要盡可能持有足夠「分散」的投資組合。

4. 能因應特殊的狀況

　　有些資產本身並沒有創造價值的能力，但在發生特殊狀況時，卻有助於抵禦風險。比方說在特殊的通貨膨脹環境或是戰爭時期，「黃金」往往會有優異的資產表現。因此若你特別擔心前述狀況，納入這類型的配置就有幫助。

5. 有合適的低成本工具可以投資

　　不管資產本身有怎樣的魅力或充分的配置理由，投資人還是需要回歸到實際層面。「低成本」是我們整本書都非常講究的重點，如果沒有合適的低成本工具投資，那幾乎就沒有考慮配置的必要了。

　　了解完資產配置的原因後，接下來我們要帶你一起設計比例，並看看國內外指數投資名人們的實際投資組合，準備好就繼續吧！

COLUMN

──── 狂徒專欄 ────
我們能算出最有效率的投資組合嗎？

接下來進入資產配置極度重要的知識環節。

諾貝爾經濟學獎得主馬可維茲（Harry Max Markowitz），曾提出用數學的方式計算最有效率的投資組合，其中評估參數是就報酬和波動率。這是影響整個金融世界的開創性理論，一直被世人沿用至今。由於涉及到較複雜的逆矩陣和偏微分，我不在此贅述。你如果想了解較詳細的推導，不妨參考我發表於網路的〈Markowitz 和效率前緣〉一文。

簡單來說，**如果一種組合在同樣報酬下有最低波動，或是同樣波動下有最高報酬，那它就是「效率組合」**。把所有效率組合蒐集起來，畫在波動和預期報酬的圖上，就會是一條「雙曲線」，也叫做「效率前緣」。

我用程式模擬狂徒 MadX 和 Kevin 兩種資產，統計報酬和標準差，並測試不同相關係數下的效率前緣，結果如**圖 4-4**。

	報酬（%）	標準差（%）
MadX	30	20
Kevin	20	15

（資料來源：狂徒回測）

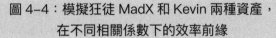

圖 4-4：模擬狂徒 MadX 和 Kevin 兩種資產，
在不同相關係數下的效率前緣

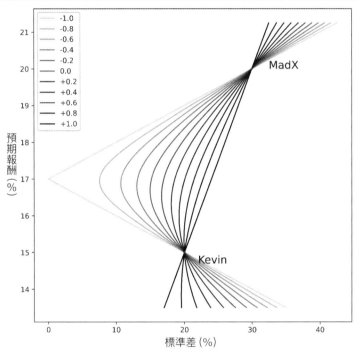

（資料來源：狂徒製圖）

我們可以從這裡觀察到幾件事情：

1. 不論相關性如何，只要將資產組合，效率組合就會有往左邊靠的傾向，代表資產配置通常會降低波動。

2. 通常最低波動的組合比例，會落在資產 0% 到 100% 之間，也就是**不用增加槓桿或做空**。

3. 很多坊間老師說錯的「負相關」。我們看到相關係數 −1 的曲線，理論上投資人能找到無波動的報酬，產生無限夏普值，說白了就是「穩賺不賠」。但是除了負相關係數之外，其他的曲線也會不同程度地往左邊靠攏，代表這些**投資組合的波動風險下降**了。因此，我們可以知道，配置的資產間不一定要「負相關」，負相關只是把投資組合的優化特性放大而已，並不是必要條件。

另外，這些效率前緣讓投資人知道，如果一直追求高報酬，那麼風險調整後收益有可能會逐漸下降。因此，資產配置的優勢並非單純將資金分配，而是透過將資金分散到多元資產的方式，**提高風險調整後收益**。

不過也請大家注意，基於穩定性最優化，我非常不建議你把資產組合「刻意」壓在效率前緣上，否則很容易造成「錯誤最大化」。馬可維茲的均值－變異數最優化，是基於難以準確估計的報酬平均數和標準差，而且效率前緣會隨著時間而改變。[7]若你要進一步找出更穩定的配置方式，詳情見 4-3 狂徒專欄。

7　事實上，效率前緣和之後的 CAPM（資本資產定價模型）一開始都屬於單期靜態的模型。隨著時間推進，套利定價和因子模型也隨之出現。至於動態定價模型和相關理論，包括隨機貼現因子、布朗運動、CCAPM/ICAPM、馬可夫、跳躍擴散……等，都把「時間」考慮進去。效率前緣是經典理論，不過也有其侷限。報酬的動量和肥尾效應，波動率的聚類、協同和記憶性，都讓這個模型的效果受到影響。總而言之，**效率前緣是資產配置的參考依據，而不是成功保證**。

4-3

從零開始的資產配置實戰

找出適合你的資產配置比例

在股票層面，由於投資人不容易超越整體市場的績效，而且分散投資能有效地降低風險，因此我們希望手中的組合盡量「貼近市場」。雖然無法真的買下市場所有公司，但如果直接買進追蹤相關指數的 ETF，漲跌就會貼近大盤走勢。因此，我們也不用特別思考股票間的比例，讓它們以自然狀態成長即可。

既然股票投資可以這樣分配，那麼加入債券或其他資產後，我們是不是也能參考市值的比例呢？

根據美國證券業和金融市場協會（SIFMA）2022 年的報告，全世界的股權市場有 124.4 兆美元，而固定收益市場有 126.9 兆美元，兩者的市值相當。[8]但如果直接照股票與債券的市值配置，你會面臨兩個問題：

---

8 Katie Kolchin, Justyna Podziemska, Daniel Hadley. "Capital Markets Fact Book, 2022." SIFMA, 12 July 2022, https://www.sifma.org/resources/research/fact-book/.

1. 想投資股票的人可以買市值加權的大盤 ETF，但對於跨資產的市場（例如：同時投資股票和債券），尚未有依市值加權的商品可以挑選。

2. 股票與債券之間，不論性質或成長特性都不同，投資人也要同時考慮風險接受度，這就會導致配置比例的評估變得困難一點。

　　因此，接下來我們會告訴你幾種簡單的配置方式，教你該如何評估資產比例，讓你在投資的路上可以前進得更順利。不過我們得再次提醒：本篇提到的所有配置比例，皆是以「所有能夠投資的閒錢」計算。

　　在 2-1〈先談風險，再看報酬〉（P.62）的篇章中，我們是透過「波動度」、「套牢時間」及「最大下跌幅度」來評估「風險」。進行資產配置時，你不妨以此作為主要考量。接下來列出的配置組合中，我們會一併說明這幾項資訊。以下針對幾種不同的股債比例進行回測，提供你更準確的參考：[9]

9　由於投資全世界股票和債券的商品近年才出現，因此本篇涉及長時間的股債回測，皆是以美國股市的指數基金 VTSMX 搭配美國總體債券的指數基金 VBMFX，而回測數據並沒有針對通膨特別調整。

100% 配置股票

依個別資產的歷史來說，股票長期確實提供更佳的報酬率。只要你有能力忍受被套牢好幾年的風險，也不怕看到自己的資產中途腰斬，確保自己有足夠時間長期持有，那確實可以嘗試最積極的 100% 股票。

表 4-5：100% 股票近 10 年、20 年、30 年股債比例配置表現

美國整體股票 指數基金 VTSMX	近 10 年 (2012/1 至 2022/10)	近 20 年 (2002/1 至 2022/10)	近 30 年 (1992/5 至 2022/10)
年化報酬	12.64%	8.28%	9.62%
標準差	14.72%	15.53%	15.22%
夏普值	0.84	0.51	0.53
最長套牢時間	12 個月	53 個月	68 個月
最大下跌幅度	24.94%	50.89%	50.89%

（資料來源：狂徒回測）

從**表 4-5** 可看出，在採用 100% 的股票配置的情況下，除非你能忍受至少五年的套牢時間以及腰斬的股價，否則我們還是建議搭配一些穩定資產，來減緩這個狀況。雖然加入債券看似會減少報酬，但如果你無法安心持有，那還是選擇多元配置為佳。

既然資產配置是為了因應未來的所有狀況，那麼**面對多變的未來，你的投資組合至少要能通過過去的「壓力測試」**。不過希望大家解讀資產回測資訊的時候，比起關注平均報酬是多少，反而應該著重在套牢時間以及最大下跌幅度。因為平均報酬往往會受到極端

值影響，不過未來也不一定有相同結果。

如果你要選擇 100% 股票，至少要符合以下兩種狀況之一：

- 你確定自己對波動、下跌都無感，就算市場連續好幾年下跌或短時間腰斬 50%，你也都能堅持持有而不受影響。
- 你目前對指數化投資已有初步信心，決定拿每月薪水的一小部分，從定期定額股票型 ETF 開始，未來再慢慢調整成合適的資產配置。

不同股債比例的結果比較

表 4-6A、4-6B、4-6C 列出了不同股債比例近 10 年、20 年、30 年的回測結果，供你直接比較參考：

表 4-6A：近 10 年不同股債比例配置表現								
股（%）	90	80	70	60	50	40	30	20	10
債（%）	10	20	30	40	50	60	70	80	90
年化報酬（%）	11.52	10.40	9.25	8.10	6.94	5.76	4.57	3.37	2.15
標準差（%）	13.31	11.92	10.56	9.23	7.94	6.72	5.61	4.68	4.07
夏普值	0.84	0.84	0.83	0.82	0.80	0.77	0.71	0.59	0.38

最長套牢時間（個月）	12	12	12	11	10	10	13	12	14
最大下跌幅度（%）	23.91	22.89	21.86	20.83	19.80	18.77	17.74	16.71	16.46

資料期間：2012/1 至 2022/10

（資料來源：狂徒回測）

表 4-6B：近 20 年不同股債比例配置表現

股（%）	90	80	70	60	50	40	30	20	10
債（%）	10	20	30	40	50	60	70	80	90
年化報酬（%）	7.93	7.54	7.10	6.63	6.12	5.58	5.00	4.40	3.76
標準差（%）	13.92	12.34	10.82	9.34	7.92	6.59	5.40	4.43	3.87
夏普值	0.53	0.55	0.58	0.60	0.64	0.67	0.71	0.72	0.66
最長套牢時間（個月）	42	40	38	36	29	25	23	15	14
最大下跌幅度（%）	46.16	41.22	36.08	30.72	25.15	19.36	17.74	16.71	16.46

資料期間：2002/1 至 2022/10

（資料來源：狂徒回測）

表 4-6C：近 30 年不同股債比例配置表現								
股（%）	90	80	70	60	50	40	30	20	10
債（%）	10	20	30	40	50	60	70	80	90
年化報酬（%）	9.26	8.85	8.41	7.94	7.43	6.90	6.33	5.73	5.11
標準差（%）	13.67	12.16	10.68	9.25	7.88	6.58	5.41	4.47	3.89
夏普值	0.55	0.57	0.60	0.63	0.66	0.70	0.75	0.77	0.73
最長套牢時間（個月）	65	59	51	41	39	33	23	15	13
最大下跌幅度（%）	46.16	41.22	36.08	30.72	25.15	19.36	17.74	16.71	16.46

資料期間：1992/1 至 2022/10

（資料來源：狂徒回測）

　　看完上面的整理後，你應該對不同股債比例的特性有初步認識，以下有兩個簡單的補充建議，幫助你決定配置比例：

1. 衡量自己風險承受是屬於偏積極，還是偏保守。如果還不確定自己心態的話，那最好不要採用風險過高的配置。

	不擔心波動	還不確定	超擔心波動
股票	80% 至 100%	60% 至 80%	40% 至 60%
債券	20% 至 0%	40% 至 20%	60% 至 40%

2. 持有資產的時間越長，整體正報酬的機率就越高，所以你的年齡也是幫助判斷股債的因素之一。越年輕的人，通常有越長的時間創造收入，距離退休（主動收入中斷）也越久。簡單計算的公式如下：

股票比例 = 110 − 你目前的年齡

直接把年齡代入公式，幾乎不用思考就能得出結果，但有個缺點是：年齡並不能完全反映風險承受度。如果你是剛開始投資的 20 幾歲年輕人，按照此建議將大部分資產投入股票，結果不久後就遇到長時間重挫，就不一定能堅持下去。反過來說，60 歲左右的人也不見得要把大部分的錢放入保守資產，如果仍有持續收入進帳，就能有更高的風險承受度。

決定股債比例不像投資股票，除了要把握「低成本」、「全市場分散」與「長期持有」三大原則以外，每個人有不同的個性和財務規劃方向，所以世界上也沒有適用所有人的簡單答案。我們在此提供你各種評估的面向，希望有助於你思考投資的下一步。

100% 債券

有些人會因為無法接受股票的波動，而選擇完全不投入股票，全部持有債券。但如果以長期角度來看，加入微量股票的組合，比全部持有債券還更安全。

表 4-7：100% 債券近 10 年、20 年、30 年股債比例配置表現

美國總體債券 指數基金 VBMFX	近 10 年 (2012/1 至 2022/10)	近 20 年 (2002/1 至 2022/10)	近 30 年 (1992/5 至 2022/10)
年化報酬	0.92%	3.09%	4.46%
標準差	3.92%	3.87%	3.85%
夏普值	0.09	0.49	0.57
最長套牢時間	17 個月	17 個月	17 個月
最大下跌幅度	17.57%	17.57%	17.57%

（資料來源：狂徒回測）

TIPS

就算你是風險承受度特別低的人，如果能克服短期的波動，我們建議至少在資產組合中加入 20% 至 50% 的股票，對於長期的配置會有更佳效果。（參考 P.180 狂徒專欄〈我們能算出最有效率的投資組合嗎？〉）

跟指數投資名人學資產配置

資產配置的重點，就在於透過現金、股票和債券等資產的基本組合，幫助你達到「彈性」、「報酬」與「穩定」三項目標。指數化投資的核心精神，在於將投資變得簡單，讓專注力回歸到生活本身，所以我們不建議一般人將資產拆得太細。為了避免造成你的選擇困難，暫不討論其他資產的配置方法，不過我們整理幾位國內外知名指數化投資人推薦的配置比例，供你參考：

國外指數化投資名人組合

威廉・伯恩斯坦（William Bernstein）

威廉·伯恩斯坦是醫學博士，卻對現代投資理論有深入的研究，為投資管理公司「效率前緣顧問有限公司」（Efficient Frontier Advisors LLC）共同創辦人，同時也是資產配置期刊《效率前緣》的編輯。

 《投資人宣言》、《投資金律》、《智慧型資產配置》、《群眾的幻覺》、《繁榮的背後》

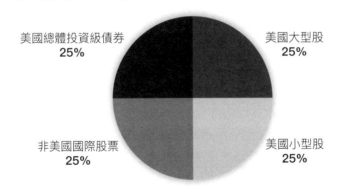

威廉・伯恩斯坦基本配置

- 美國總體投資級債券 25%
- 美國大型股 25%
- 非美國國際股票 25%
- 美國小型股 25%

本配置參考《智慧型資產配置》一書中的「初級資產調色盤」。作者認為加入小型股有助於更好的分散效果，四項資產直接均分配置。

約翰・柏格（John Bogle）

　　約翰・柏格可以說是指數化投資中最重要的人物。1974 年創辦 Vanguard 先鋒集團，1976 年發行全球第一支指數型基金。如今我們能有低成本投資全世界的工具，多仰賴柏格與先鋒集團當年的努力。約翰・柏格被《時代雜誌》選入全球最具影響力百人，《財富雜誌》更將他譽為投資界 20 世紀的四大巨人之一。

中譯著作　《共同基金必勝法則》、《柏格談共同基金》、《約翰柏格投資常識》、《堅持不懈》、《文化衝突：投資還是投機》、《夠了》

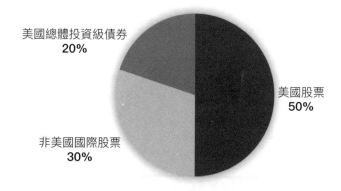

約翰・柏格基本資產配置

美國總體投資級債券
20%

非美國國際股票
30%

美國股票
50%

　　這張圖其實並非柏格本人的投資組合，而是由「柏格頭」[10]所提出的配置，又稱柏格頭三基金。特色是極為簡單、易執行，而且

---

10 Bogleheads，一群景仰並追隨約翰柏格理念的投資人。

如今台灣都有對應的低成本工具可以投資。

大衛 · 史雲森（David Swensen）

耶魯大學的投資長，管理超過 140 億美元的校務資產。耶魯校務基金在他管理資產的二十年期間內，創下了高達 16.1％的平均年化報酬，這是相關機構法人們前所未見的績效。

 《耶魯操盤手：非典型成功》

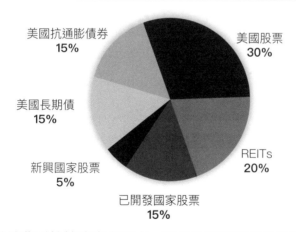

大衛 · 史雲森基本資產配置

美國抗通膨債券 15%
美國股票 30%
美國長期債 15%
新興國家股票 5%
已開發國家股票 15%
REITs 20%

這並非原始校務資產版本，而是他特別製作的平民版，雖然已經精簡化，但你要複製的難度還是比其他選擇稍高，我們建議對各項資產有更多認識的人再考慮採納。

理查・菲力（Richard Ferri）

Portfolio Solutions 公司總裁，同時也是密西根華西學院的財務學教授，擁有特許金融分析師證照（CFA）。他的公司為高資產的個人、家庭、基金會及公司退休金提供資產配置策略管理服務，主要利用低成本且具稅收效益的指數基金、ETF 為客戶累積財富。

 中譯著作 《資產配置投資策略》、《被動投資學》

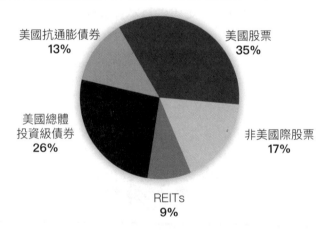

理查・菲力基本資產配置

- 美國抗通膨債券 13%
- 美國股票 35%
- 美國總體投資級債券 26%
- 非美國際股票 17%
- REITs 9%

作者給一般初學者的配置建議，是比較保守且簡單的組合。主要是考量人們剛開始投資時，通常不清楚自己的風險承受度，因此寧可在初期先採用較穩定的組合，免得遇到股市危機的時候，因情緒受影響而做出錯誤決策。接下來，我們來檢驗看看這些組合在過去的表現，如**表 4-8A、4-8B**：

表 4-8A：國外四大指數化投資者資產配置表現 + 回測近 10 年
（2012/1 至 2022/10）

	威廉・伯恩斯坦	約翰・柏格	大衛・史雲森	理查・菲力
年化報酬	7.47%	7.92%	6.72%	7.14%
標準差	11.23%	11.84%	10.19%	10.06%
夏普率	0.64	0.67	0.63	0.67
最長套牢時間	14 個月	15 個月	15 個月	13 個月
最大跌幅	41.62%	43.83%	39.74%	22.67%

表 4-8B：回測近 20 年 (2002/1 至 2022/10)

	威廉・伯恩斯坦	約翰・柏格	大衛・史雲森	理查・菲力
年化報酬	7.53%	7.52%	7.88%	6.63%
標準差	12.23%	12.46%	11.47%	10.99%
夏普率	0.56	0.55	0.62	0.53
最長套牢時間	39 個月	42 個月	36 個月	39 個月
最大跌幅	41.62%	43.83%	39.74%	39.59%

（資料來源：狂徒回測）

國內指數化投資名人組合

Ffaarr（哆啦王）

　　《Ffaarr 的投資理財部落格》的版主，活躍於臉書與 PTT。現於大學擔任歷史相關課程的通識課教授，對指數化投資與資產配置有深入的了解，用平常學術研究的精神，將相關的概念傳達給大眾投資人。同時因擁有《哆啦 A 夢》深博知識，網路人稱「哆啦王」。

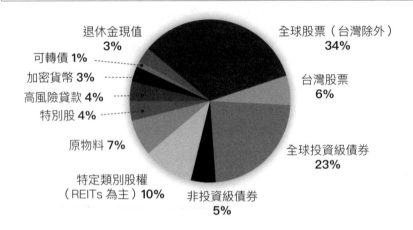

Ffaarr 基本資產配置

- 退休金現值 3%
- 可轉債 1%
- 加密貨幣 3%
- 高風險貸款 4%
- 特別股 4%
- 原物料 7%
- 特定類別股權（REITs 為主）10%
- 非投資級債券 5%
- 全球股票（台灣除外）34%
- 台灣股票 6%
- 全球投資級債券 23%

　　配置的資產種類較多，除了希望達到不同的分散效果，也與個人偏好有關。考量後續能投入的新資金佔整體資產比例很低，所以採用較為保守的配置。而他也提醒：若對各類資產沒有充分了解、不確定自己有沒有能力管理，就避免採用這麼複雜的配置。

小資 YP

　　《一年投資 5 分鐘》作者，同時也是《小資 YP 投資理財筆記》部落格的版主。擅長用豐富且清楚的數據，呈現一般大眾的投資迷思。YP 以科學方式說明指數投資的原理，回答讀者提出的各種問題時，也保持客觀謙和。《一年投資 5 分鐘》也是一本非常適合新手理解指數化投資的好書，認為投資應該保持簡單，並掌握好自己能控制的變因，讓時間回歸到生活之中。

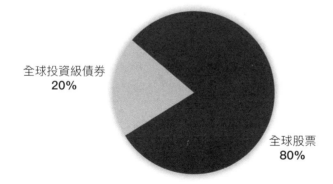

小資 YP 基本資產配置

全球投資級債券
20%

全球股票
80%

　　透過兩大簡單的配置就能分散到全世界，並分配好股債比例。堅信「Simple is the best!」做好簡單的配置，就足以贏過大部分的人。

PG

　　《我畢業五年，用 ETF 賺到 400 萬》作者，同時也是《PG 財經筆記》部落格的版主。目前從事金融相關的工作，分享內容主要涵蓋投資心理、財富管理以及資產配置的部分。

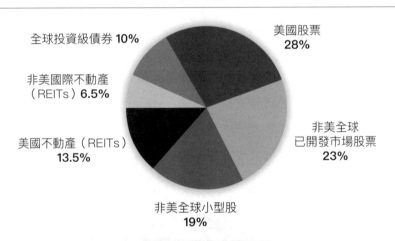

PG 基本資產配置

全球投資級債券 10%

非美國際不動產
（REITs）6.5%

美國不動產（REITs）
13.5%

非美全球小型股
19%

美國股票
28%

非美全球
已開發市場股票
23%

　　以上配置是針對長遠退休金的規劃，由於本身從事財富管理業，因此組合比例稍為複雜，採用目標導向的投資規劃，離退休更近時，會再逐步調升債券的比例。除了上面的配置，平時新的資金傾向簡單為主，以台灣與全球市場股票 ETF 各半的方式投入。

清流君

知名指數化投資 YouTuber。講話一針見血，針對錯誤的投資迷思毫無保留的指出錯誤，廣泛的閱讀搭配金融背景，教學具有含金量，也不怕說真話擋人財路。擅長把冗長的報告轉換成簡單明瞭的影片內容。

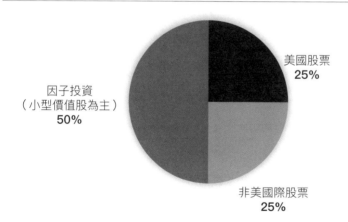

清流君基本資產配置

因子投資
（小型價值股為主）
50%

美國股票
25%

非美國際股票
25%

相信自己有足夠的風險承受度來面對波動，因此整體採取相對較高風險的組合。如果你不清楚自己的風險承受度，或不清楚因子投資背後的原理，建議不要輕易模仿。

魯爸

　　《魯爸的財富自由之路》版主。對於各種「FIRE 財務自由」和「4% 提領法則」的類型與重點，有十分深入的研究，使用指數化投資搭配心態與生活上的轉念，走向 FIRE 一族。

魯爸基本資產配置

全球股票
100%

　　本身工作十分穩定（不裁員），因此把工作收入視為保守的現金流來源，再加上本身對波動容忍度高，因此決定不配置債券。除此之外，涉及一些帶有槓桿的投資（如房屋增貸等），但因執行起來門檻較高，也較困難，故未於此列出。

竹軒

　　《竹軒的理財筆記》版主，不時會以嗆辣的文字，點醒錯誤的投資迷思，堅守指數化投資的各項基本原則。

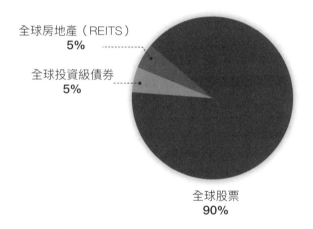

竹軒基本資產配置

全球房地產（REITS）
5%

全球投資級債券
5%

全球股票
90%

　　依照 Vanguard 網站某篇退休配置的文章所述：大約在 58 歲前的資產，應該要有近 91% 配置在股票，故股票比例拉高到 90%。宗旨是奉行約翰‧柏格的觀念，標的始終圍繞在全球上。

小販

知名指數化投資 YouTuber。少數在 YouTube 教學指數化投資的創作者之一，擅長用平易近人的討論，分享指數化投資的重點與心態。

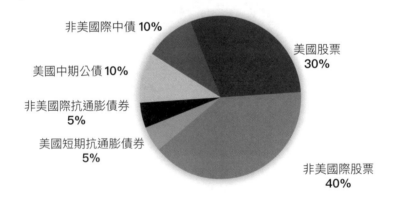

小販基本資產配置

非美國際中債 10%

美國中期公債 10%

非美國際抗通膨債券 5%

美國短期抗通膨債券 5%

美國股票 30%

非美國際股票 40%

根據個人的收入穩定與風險承受度後做出的配置，而配置中考量「通貨膨脹」，因此少量配置抗通膨債券來應對。

李柏鋒

　　台灣 ETF 投 資 學 院 創 辦 人、《 商 益 》 總 編，同 時 也 是「Hahow」與「大人學」線上課程平台的講師。著有《養錢練習》。

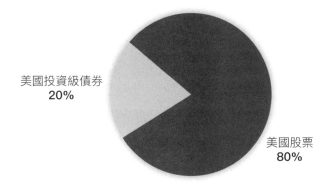

李柏鋒基本資產配置

美國投資級債券
20%

美國股票
80%

　　處於資產累積期，加上歷經各大股災，已清楚自己對風險耐受度不差，因此配置 80% 的股票資產。認為在美國的企業多為全球化品牌，已具備分散全球的效果。至於債券部分，主要是從資產配置的角度切入，也就是股債間的低相關度。

資產配置沒有最「完美」，只有最「適合」

總而言之，如果你不想花太多精力考量配置方案，但又希望自己走在安全的道路上，簡單的股債組合就可以幫助你完成目標。

如果你想要根據資產特性採用較複雜的配置，我們也提供幾位指數投資圈創作者的範例。但看了國外投資名人組合的回測後，你會發現複雜的配置也不見得贏過簡單股債，而這都是你在進行資產配置前，必須先建立的正確認知。

每個人的收入狀況與風險屬性都不一樣，因此，我們不建議你直接照抄任何人的配置。這些範例只是提供一個合理的參考依據。

你也沒必要一次就配置出最好的組合，只需參考前人的案例與資產特性，並依照個人喜好逐步調整，就可以慢慢找出「適合」自己的模式，這才是真正完美的投資組合與資產配置。

COLUMN

───── 狂徒專欄 ─────
由淺入深，建構你的投資組合

除了以上的「人工」配置手段之外，我更傾向使用符合客觀精神的模式，**系統性、科學化、有效率的考量配置方案**。如此我可以知道原因和相應的調整，畢竟每個投資人都有「不同」需求。

對於較嚴謹的投資族群而言，**資產配置的核心在於「優化」和「量化」**。優化是將投資組合依照自己的需求調整，量化是指把資訊轉變成數據，這兩者的重要性會隨著投資人專業度提升而急遽增強。

舉個例子：普通人要維持健康很簡單，適度飲食和運動即可；但頂尖運動員則需要有團隊負責飲食，因為他們需要「計算」食物的熱量、營養成分和對身體的影響，平時訓練也需要遵循特別設計過的課表，最終表現自然比較好。

考量本書定位，我不在此詳細介紹量化的配置優化方式，而是以一些模板當切入點。若讀者對資產配置常用的調整手法有興趣，可以在網路上搜尋我的「淺談資產配置系列」，內含推導、驗證和反思。簡單來說，自從馬克維茲用平均值和標準差定義報酬和風險後，人們開始針對投資組合的這兩階動差（矩）優化，又因為考量彈性和穩健性而有不同程度的放寬（**表4-9**）。

策略	試著改變什麼？	我知道標準差	我知道共變異數	我應該知道預期報酬
自然	✗	✗	✗	✗
均分	✓	✗	✗	✗
波動率倒數	✓	✓	✗	✗
最小變異數 最大分散 風險平價	✓	✓	✓	✗
最大夏普率 （平均 − 變異數）	✓	✓	✓	✓

表 4-9：投資人掌握的資訊 VS. 對應優化策略

除此之外，有些人使用更高階的優化手法，在傳統的平均值和變異數之後，也使用共變異數、偏度、峰度……等；同時有些人不喜歡這種只靠統計數據決策的方式，加入更多不同面向的資訊。至於分配的原料是什麼呢？資產配置、因子配置、風險配置、波動率配置等等，都有人在做。

穩健性優化也是很重要的一環：過去表現好的組合方式，在未來不一定適用。事實上，如果投資人知道哪一種資產未來表現最好，那就根本不用配置了。我們可以盡量以分散投資、長期持有的手段，讓報酬容易預測，但仍需保有彈性心態。別忘了：市場的主體就是「不確定性」，請不要追求「絕對完美」的配置，**當你把各個因素都逼到極限，就會和投資的初衷脫節。**

我實際把一些資產的歷史資料轉化成更高維度版本的效率前緣，各位可以發現投資組合除了報酬和波動之外，也有不同的偏度和峰度。因此，雖然效率前緣是一個檢查基準，但投資人不用一直擔心自己的資產缺乏效率，因為這個市場瞬息萬變，沒有標準答案。

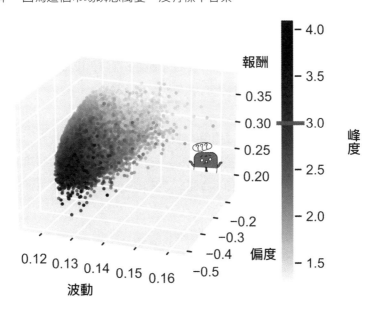

資產配置背後有投資學、金融理論和組合優化的影子。就是因為資產配置設計得宜，可以左右大部分的投資成果，因此這個領域的「含金量」和「知識量」很高。你不妨**先把握大原則再調整細節**，由淺入深地建構自己的投資組合，如此可以加速資產和知識的累積。有興趣的話，歡迎各位進一步探索組合優化、資產管理和科學化投資的精彩世界。

COLUMN

—— 館長專欄 ——
我的投資啟蒙老師——綠角

想特別跟大家介紹一位我非常欣賞且認同的台灣財經作者——綠角。他是台灣指數化投資的先驅，如今我們有這麼多指數化投資的中文資訊以及投資觀念，綠角可說是最大的功臣。

第一次接觸是大學時讀到《綠角的基金八堂課》。我發現裡面的內容，跟既有想法好像有很大的差距；而後親自在市場上待了一段時間後，發現這才是正確的觀念。這種不擇時、不選股、低成本的投資法，也逐漸獲得時間的印證與市場的認可。

接著我找到了綠角的部落格「綠角財經筆記」，一讀後如獲至寶。裡面有數千篇高品質的文章，主題涵蓋投資、資產配置、ETF、金錢心態等議題。而且文章內容並不是單純的整理資訊、搬運知識，而是經過綠角消化整理後，提出獨到的見解。那陣子我每天都會花一個多小時瀏覽部落格文章，並從中延伸學習其他的推薦資源。我認為若能看懂部落格中大部分的文章，一生的投資問題也解決一大半了，絕對比外面各種收費的交易課程還更值得。

我能具備如今的投資觀念，很大程度是受綠角的啟蒙與分享。而這促成我想完成這本書，並把這套觀念推廣給各位讀者。

4-4

再平衡：維護你的資產配置

資產配置有點像是蓋房子，房子蓋好後，不管外面天氣如何，都不會一直把房子拆掉或是擴建。特別是風雨來臨時，我們應該要好好待在屋內躲雨，這就像設定好資產比例後，短期內不應隨著股票漲跌行情而更動。

然而當原本的資產各自波動後，就會逐漸偏離一開始的設定比例。為了讓預期風險和報酬符合原始設定，我們可以依照比例將資產「再平衡」（rebalance）。

舉例說明，假設你擔心資產組合出現太大的跌幅，但還是希望至少保有半數高風險資產，所以配置 50% 股票和 50% 債券，這時你遇到兩種不同的狀況：

1. 遇到股災

由於股票大幅下跌，股票部分只剩下 30%。這時候你需要調低債券的比例，並拉高股票的部分，讓股債比例回到原點，才能符合當初希望至少持有一半股票的要求。否則股災完之後，可能無法達

成長遠的財務目標（**圖4-5**）。

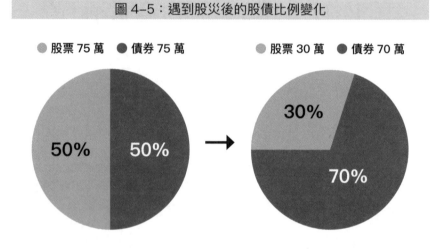

圖4-5：遇到股災後的股債比例變化

● 股票 75 萬　● 債券 75 萬　　　　　● 股票 30 萬　● 債券 70 萬

2. 股票大漲

　　反過來說，如果股票大漲呢？雖然股票大幅上漲很令人興奮，但這讓你原本為了避免大幅波動和下跌風險而使用的保守配置方法，變成了持有 70% 股票的組合（**圖4-6**）。

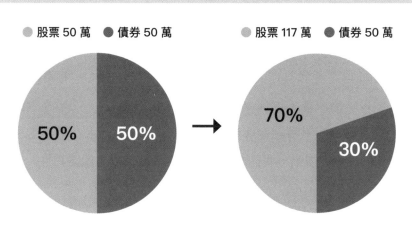

圖 4-6：股票大漲後的股債比例變化

　　原先的風險承受度，不應該因為股票上漲就變得更高。既然當初你認為自己無法承受高風險，那就算股票上漲一倍，也應該考量後續的風險屬性而執行「再平衡」。

　　由上面兩個例子你能看到：所謂的「再平衡」，就是讓自己的投資組合「再」次回歸原先設定的「平衡」比例。你可以透過賣出上漲太多的股票、補上比例過少的債券，或是相反的操作，讓預期風險和報酬符合自己的原始設定。這個過程會在無意間形成「買低賣高」，並讓新的投資組合有跟初期相似的風險和收益屬性。

你該執行再平衡的 2 大原因

1. 回歸原先的配置理由或風險屬性

　　高報酬資產通常伴隨高風險，經過一段時間後，高報酬資產的比例會逐漸成長，也讓總體組合的風險越來越大。如果不調整回來，投資組合的風險就會逐漸升高。為了避免投資人在股票上漲後反而承擔更多的波動，我們應該**透過再平衡回歸原本風險特性**。

2. 均值回歸下的買低賣高

　　此外，資產在過去有「均值回歸」的特性，因此透過適當的再平衡，有機會創造更好的報酬。

　　均值回歸的意思是，雖然股票短期可能會異常地上漲太多或下跌太劇烈，但過了足夠的時間後，走勢會漸漸趨於平均。假設股票的長期報酬大約是 6%，那麼當股價連續大幅上漲後，接下來就更有機會出現下跌，讓股票表現趨近於原本 6% 的水準。

　　傑諾米‧席格爾（Jeremy J . Siegel） 在《長線獲利之道：散戶投資正典》（Stock for the long run）書中有一張非常知名的表格，這是 1802 年到 2021 年間各類資產的實質報酬率（**圖 4-7**）。

　　雖然大環境充滿各種變化，但股票和債券等資產的走勢大致維持在一條直線上，只要股價漲超出或低於平均的斜直線，不久後又會重新收斂。如果把時間軸拉長到兩百年，整個向上趨勢其實非常

穩定，而這就是「均值回歸」。

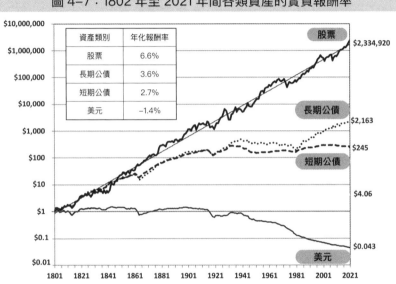

圖 4-7：1802 年至 2021 年間各類資產的實質報酬率

資產類別	年化報酬率
股票	6.6%
長期公債	3.6%
短期公債	2.7%
美元	−1.4%

〔資料來源：《長線獲利之道：散戶投資正典》（麥格羅・希爾，2015）〕

TIPS

再平衡的額外好處

再平衡還有其他好處，像是基於數學性質的「收割波動性」。我們可以利用調整資產比例的方式，改變同樣運氣下的報酬分布。這個特性無關資產、國家或個股，只要我們將投資組合拆開，就會存在。

　　你可能會好奇，額外再平衡，算不算違背了「長期持有」的精神呢？在 4-2 的量表中（P.168），再平衡被歸類在中間的位置。它確實不是最極致的「被動」操作，但實際上投資人一定會對未來有所預期，不可能真的完全被動。

　　不過如果從心理的角度出發，只要你不希望任一部分資產的比例和原始設定相差太遠，就應該透過再平衡來修正。換句話說，先撇除風險與報酬，從持有信心的角度出發，這種帶有些微主觀想法的平衡反而會讓你的投資計畫更安全。

　　不過，投資策略既然帶有主動成分，就更有可能承受多餘風險，所以我們不鼓勵你為了「多賺」報酬刻意進行再平衡。畢竟沒有人可以保證，「均值回歸」的現象在未來是否會延續。

　　總之，得益於不同資產的特性差異，再平衡可以確保你的投資組合符合自己的風險承受能力，而且還「有機會」提高報酬。

執行再平衡的 4 種主要方式

1. 固定期間執行再平衡

　　平時不必特別關注資產的比例變化，只要等固定時間一到，就把比例調整成一開始的設定值。不論是每年、每季或每月平衡一次都可以，你只要對當下的總資產稍加計算，就能得出各資產需要配置的金額。

以「每年」執行一次再平衡為例：假如你在 2030 年 1 月 1 日以 100 元進行資產配置，規劃 50% 的股票和 50% 債券，此時持有的股債剛好都是 50 元。一整年下來股票持續上漲，而債券則是極小幅度地下跌，隔年 1 月 1 日股票價值漲到 63 元，債券則是 47 元，則資產變化如**表 4-10A**。

表 4-10A：原始資產 100 元（股債比各 50%），一年後的資產變化

	設定資產比例	2030 / 01 / 01 原始金額	佔比	2031 / 01 / 01 資產變化	新佔比
股票	50%	50 元	50%	63 元	57.3%
債券	50%	50 元	50%	47 元	42.7%
合計	100%	100 元	100%	110 元	100%

當總資產從 100 元成長到 110 元，股票和債券就會離當初設定的比例有一段距離。這時該如何執行再平衡呢？其實很簡單，只要得知目前總資產的價值，再依照當初設定的比例計算出目標金額即可。

也就是說，最終再平衡後，要讓股票跟債券的價值都佔總資產的 50%（110×50% = 55 元）。以此例來說，尚未執行再平衡前，股票有 63 元，債券只剩 47 元，所以只要把過多的股票賣掉 8 元，再將多餘的 8 元拿去購買債券，就能讓股票與債券都回到 55 元的目標比例，如**表 4-10B**。

表 4–10B：執行再平衡，回歸股債各 50%				
	設定 資產比例	2031 / 01 / 01 原始金額	2031 / 01 / 01 目標金額	執行 再平衡
股票	50%	63 元	110×50%=55 元	賣出 8 元 （63–55）
債券	50%	47 元	110×50%=55 元	買入 8 元 （55–47）
合計	100%	110 元	110 元	總資產不變

優點：不需要頻繁審視自己的資產，只需要在特定週期再平衡即可。

缺點：假如你設定每年平衡一次，但在年初就發生資產大幅偏離比例，那接下來一整年你的配置比例可能都會過高或過低。另外，如果過了一年之後，股票與債券離原本比例只有小幅（例如：不到 5%）差距，這時執行再平衡的效果就會有些雞肋，卻要額外付出精力與成本轉換。

　　至於你每年、每季，或是每月再平衡一次，結果也不會差異太大。**表 4–11** 中，我們回測 1993 年 2 月到 2022 年 8 月，採用 80% 美股和 20% 美債進行不同週期再平衡的結果，可以發現**不同頻率的再平衡並無顯著的差異**。因此，如果你要採用固定期間的平衡方式，我們建議可以把平衡的週期拉長一點，以一年為單位稍微關注即可，盡量減少自己需要操作的機會。

表 4-11：美股 80%+ 美債 20% 不同頻率的再平衡比較

再平衡週期	每年	每季	每月
年化成長率	8.94%	8.91%	8.85%
標準差	11.83%	11.90%	11.93%

資料期間：1993 年 2 月至 2022 年 8 月

（資料來源：狂徒回測）

2. 偏離特定比例時執行再平衡

　　只要某個資產的比例變化超出設定區間，就執行再平衡，常見的偏離比例通常會設定在 **5% 至 15%** 左右。

　　以 10% 區間為例，假設你配置了 80% 股票、15% 債券和 5% 黃金，而且規劃只要有其中一項資產比例偏離超過 10%，就執行再平衡。不久後不幸發生戰爭，使得股票與債券雙雙下跌，只有黃金大幅上漲。新的資產組合變成 75% 股票、10% 債券和 15% 黃金，如**表 4-12**。

表 4-12：偏離特定比例時觸發再平衡條件

	目標比例	後來比例	觸發再平衡條件	
股票	80%	75%	−5%	✗
債券	15%	10%	−5%	✗
黃金	5%	15%	+10%	✓

　　雖然股債變化不大，但由於黃金比重偏離達到 10%，便會觸發再平衡條件。這時我們會把黃金漲超出比例的部分賣出，並將賣出的錢拿去買股票跟債券，這兩者的金額會剛好一模一樣。

　　原因在於：當黃金比例增加 10%，代表一定有其他資產（股票與債券）佔比減少 10%。這時候一樣用當下的總資金乘以目標比例，就能知道要賣出多少超漲標的，並用多出來的現金買入比例變低的資產。

優點：能避免資產長時間偏離設定比例。相比起以「年」為單位的
　　　　定期再平衡，若年初資產就大幅偏離，透過此方法就能馬上
　　　　回歸應有配置。避免等到隔年才平衡，會需要承擔數幾個月
　　　　風險過高的情況。

缺點：對於自己的資產組合需要多費點心。既然偏離特定比例就要
　　　　再平衡，你就必須隨時注意投資組合是否有重大偏離。比起
　　　　固定週期審視，偏離特定比例就執行再平衡的做法會更辛苦。

3. 投入新資金時順便平衡

　　執行再平衡時，買賣資產增加的交易成本，可能超過再平衡所帶來的好處。除非你使用免手續費的海外券商，否則這種做法是我們最推薦的選擇。

　　既然你每個月都會有新的收入，那只要在每次投入新資金的時候，多投入比例偏少的資產就好了。假設投入新資金前的資產變化，如**表 4–13A**。

表 4–13A：投入新資金前的資產變化

	設定資產比例	原始金額	佔比	後來的金額
股票	50%	50 元	50%	60 元
債券	50%	50 元	50%	50 元
合計	100%	100 元	100%	110 元

　　過了一陣子後，你多賺到了現金 20 元。當你準備投入新資金的時候，為了平衡股票與債券的比例，需要多投入 10 元在債券上，以恢復原有的各半的比例，詳細計算過程如**表 4–13B** 所示。

表 4–13B：投入新資金時執行再平衡

	設定資產比例	當前金額	目標金額	執行再平衡所需調整
股票	50%	60 元	130×50%=65 元	+5 元
債券	50%	50 元	130×50%=65 元	+15 元
現金	0%	20 元（收入）	130×0%=0 元	−20 元（投入市場）
合計	100%	130 元	130 元	0 元

優點： 除非有無法接受的嚴重偏離，否則不需賣出資產，只要把新
　　　 資金投入比例過少的資產。

缺點： 難以剛好達到精確比例。畢竟是使用新資金投入，在不賣出
　　　 的前提下，不容易直接計算得那麼精準。因此你只需讓配置
　　　 大致回歸到原有比例即可，不必追求零誤差。

4. 綜合型再平衡

　　混合上述三種類型混合也是種選項。例如：設定偏離容忍區間
5% 到 10%，如果尚未超過容忍區間，就只定期執行再平衡；如果超
出容忍區間 10% 的範圍，就直接進行平衡，整體算是結合了第一種
和第二種方法的優點。

　　你也可以等要投入新資金的時候，才執行再平衡，但萬一偏離
得太誇張，那就直接處理。這麼做的好處是能夠避免平衡週期內的
過度偏離，不過相對也需要花更多心力關注投資組合。

　　如果你沒有特別偏好，對於大部分的投資人，我們建議還是採
取第三種方法：**投入新資金時順便簡單平衡**。這樣無論是交易或時
間成本都較低，對於使用複委託的投資人來說更是如此。畢竟指數
化投資的初衷，就是希望能讓你把寶貴的心力，用在比投資更重要
的地方。

關於再平衡的觀念釐清與執行細節

1. 不要神化再平衡

指數化投資的基本觀念中，就包括不要擅自預測行情，盡量減少所有「主觀」的干涉。那為什麼到了資產層面的再平衡，又變得可以進行調整，讓組合貼近投資人的要求呢？

原因在於：我們期待股票長期的報酬和風險，都比債券還要高，也「相信」資產間會有不同漲跌特性。為了讓投資組合的風險，維持在自己能接受的區間，當特定資產有較大的偏離時，就需要重新調整，以符合一開始的設定。

換句話說，再平衡不是什麼神奇的魔法，只是讓你能掌握自己的投資組合。如果在資產配置上沒有好好花心思，再平衡也難以改良你的投資成果。

2. 注意交易成本與時間成本

如果你是採用固定期間或偏離比例的再平衡，那每次執行的時候，額外買進賣出衍生的成本很可能會超過再平衡帶來的好處。站在費用的角度，我們不建議頻繁再平衡。

此外，關注偏差比例需要耗費額外時間成本與專注力，拉長看盤時間也可能會提高你做出錯誤決定的機會。如果投資人把再平衡方案設定得很複雜，導致交易次數增加，整體而言不一定有利。為

避免上述的問題，你可以在新資金準備進場時，選擇簡單執行再平衡，會更恰當。

3. 再平衡的週期不宜過短

　　長期而言市場有「均值回歸」的現象，當資產偏離平均水準時，通常會慢慢修正並趨於平均。執行再平衡時，減少投入漲太高的資產、增加投入跌太低的資產，操作上其實類似「買低賣高」的機制。而且因為波動性性質的緣故，只要你持有兩種以上「低相關」的資產，執行再平衡就可能獲得額外好處。

　　如果頻繁再平衡會更好嗎？並非如此。由於股票本身「動能」和「動能反轉」的特性，即使不談交易成本對資產的危害，我們也不應該把平衡的週期設定得太短。

　　威廉・伯恩斯坦（William Bernstein）在《智慧型資產配置》一書提到，他高度認同再平衡的概念，也認為長期而言市場有「均值回歸」的現象。不過他同時也引用《金融市場計量經濟學》書中，以及美國股市 1962 年到 1994 年的自相關性資料，證明今日股票的上漲會些微影響到明日股票上漲。

　　換句話說，他們發現股票在短期（日、週、月）似乎有「動能」的存在。但這部分知識涉及「因子投資」和「時間序列分析」，

我們就不在此深入討論。[11]

　　從另一個角度來看，如果資產「均值回歸」的時間拉得比較長，一直再平衡也可能會不斷把資金轉移到表現不佳的資產上。例如：2012 年到 2016 年的股市一路上漲，但同期的黃金表現不佳。若你持有美股以及黃金各半的組合，5 年後總共能創造 38.25% 的報酬率，波動為 9.49%。但如果你中間每個月都執行再平衡，報酬反而只剩下 26.77%，還讓波動提高到 10.13%。簡單來說：**執行再平衡就等同於加碼表現較差的資產，但如果那段時間它表現越來越差，整體組合的績效就會受到拖累，波動也不一定會變小。**

　　綜合來說，我們建議你不需要時時刻刻關注自己的資產，也不用因為些微的偏離就緊張地想要恢復平衡。考量「動能」與「成本」後，週期過短的再平衡，更可能會損害你最終的結果。

11　威廉・伯恩斯坦在《智慧型資產配置》原文中，引用《金融市場計量經濟學》（The Econometricsof Financial Markets）時，提到美國股市 1962 年至 1984 年的資料，但經過我們實際查證該書原文，並聯繫 McGraw Hill 出版社財經編輯和威廉・伯恩斯坦後，確認書中正確的統計時間是 1962 年至 1994 年才對。另外關於因子投資和時序分析內容，可參考狂徒的教學系列文章。（資料來源：狂徒）

4. 不適合再平衡的 3 種狀況

① 資產比例不容易計算

　　有些資產本身佔比過大，投資人要在資產間執行再平衡就特別困難。比方說你的配置中包含實體不動產時，動輒千萬元的最小單位或許就很難和其他類別的資產一起平衡。這時候你不妨將它獨立出來，避免跟其他股債資產一起計算比例。

② 並非基於被動資產配置

　　如果你沒有預先訂好配置計畫，只是憑感覺攤平跌深的標的，而非基於資產長期特性的再平衡，就是種主動操作。

　　另一方面，涵蓋層面太小的個股或產業，相對而言就更不適合再平衡。當一家公司股價持續下探的時候，如果公司最終下市或破產，投資人將會血本無歸，這樣的情況在資產或國家層面幾乎不可能出現。因此，即使個股間再平衡可能有些許效果，**但基於不成比例的風險，我們反對個股層面的再平衡。**

③ 你不介意短期波動可能提升

　　如果你有充裕的時間，也許比起波動提升，「長期的報酬差異」可能是你更該關心的重點。

　　在資產配置的環節，我們提到把股票加入債券，有助於在短期取得更穩定的效果；但即使配置債券比例較低，股票本身長期的成長，也會讓組合有更佳的報酬與更低的虧損風險。因此，如果你初期配置了特定比例的股債，在隨著持有時間增加、價格越漲越高，拉開與初始成本的差距後，你在心理上就能承擔更大的波動。

　　舉例來說：假設你的股票成本是 100 元，目前股價 120 元，結果股價一路跌到 90 元左右，這時你可能會非常難受，甚至中途放棄。但如果你很早就參與市場，股票成本是 50 元，當股價從 120 元跌到 90 元的時候，你應該還是有辦法堅持下去。畢竟從賺 70 元減少到賺 40 元，不至於造成太大的壓力。

　　這代表你可以在持有資產的初期靠債券穩定心理，之後慢慢讓長期表現較佳的股票成為更大比例的配置。雖然波動度會比當初更高，但也有更高機會帶來長期的報酬。

　　綜合來說，如果你不介意短期波動可能提升，那就設定舒適的股債比例，然後被動長期持有，讓資產自然成長即可，不需要額外恢復成原先的配置。

總結

　　再強調一次：執行再平衡，主要是基於「維持原先配置比例」、「均值回歸」和「波動性」這些理由。

　　再平衡額外的好處，和投資類別的特性非常有關，我們無法簡單判斷再平衡是否一定會帶來更佳的效益，只能根據資產特性考慮。基本上，我們鼓勵「資產」間的再平衡，但對於「國家」層面的再平衡持中立態度，而反對個股之間的再平衡。

　　總之，**當投資組合的涵蓋範圍越廣，就會有更穩定的表現**，投資人也會更有信心進一步依據自己的需求設定配置比例。不過**當配置範圍縮小，這些特性就會接近隨機變化，再平衡的成本卻持續增加**，反而會讓你得不償失。

　　有了再平衡這個觀念，你可以依照前面的建議完成資產配置的架構，再選擇自己最認同的再平衡方式執行，持續維護自己的配置組合，其餘時間你只需要耐心持有資產，認真生活、享受人生。

COLUMN

—— 館長專欄 ——
保持簡單，才是長遠執行的關鍵

這章節介紹了非常多配置的觀念與 ETF，雖然我們已經盡可能簡化，但如果你是第一次接觸這個主題，難免會有些眼花撩亂。如果不清楚該如何選擇，這裡有一個給你建議：**選簡單的。**

「簡單易執行」非常重要，維護太複雜的配置，光是每次的再平衡都需要計算一陣子。與其追求費用最低、範圍最大的配置，「輕鬆掌握資產累積的大方向」，反而是我更屬意的選擇。

如狂徒專欄所言，其實這領域還有非常多深奧的計算與理論，有興趣的人當然可以繼續鑽研；但如果你跟我一樣單純想投資累積資產，希望把更多專注力放在生活上，誠心建議：保持簡單即可。因為本書告訴你的投資知識，已足夠你應付大部分的狀況了。

此外，如果你有辦活動的經驗就知道，事前規劃得再詳細，活動當天總會出現一些意外插曲。如果原本有抓好時間與人力的彈性，那倒好處理；但如果初期就假設一切事情都會順利進行，將所有環節都安排得過於緊湊，很可能就失去了應對意外的餘裕。

4-5

打造你的被動現金流

「以終為始」的投資計畫

　　巴菲特曾說：「在錯誤的道路上奔跑是沒有用的。」你得知道自己的目標在何處，才會知道該往哪個方向前進。規劃資產配置的投資計畫也是如此，要先設立好財務目標，再視自己的需求微調，並透過指數化投資這個高勝率的投資方法，加速抵達目標的時間。這種以最終目標為出發點的思考方式，稱為「以終為始」的投資計畫。

為了退休金，該買高配息商品嗎？

　　人生在各個階段需要面對不同財務目標，從學貸、車貸、房貸到家庭開支，以及最後需要的退休金。在本書 P.129 至 P.130 提及：當目標達成時，你可以透過賣出資產的方式提領現金，然而很多人對這樣的方法感到陌生，甚至沒有安全感。

「如果要賣出股票來提領現金，股票越賣越少，不是總有一天會賣完嗎？」是榮登「提領策略」出現率第一名的問題。很多人因為擔心這件事情，所以特別熱衷股息發放率高的股票，希望能透過領股息來避開股票賣完的問題，但這其實是一個很大的迷思。

我們在 P.95 已經解釋過配息的問題，你應該理解**配息會造成隔日參考價往下調**。不論股票配發了多少比例的股息、你持有多少張股票，也不論除息前、除息後或再次投入，**投資人的淨值其實是一樣的**。換個問法好了：你會比較想要一張總價值 1,000 萬的股票，還是 100 張價值 8 萬，但總價值只有 800 萬的股票呢？大家應該都知道要選總價值比較高的，至於實際**累積了多少股數其實沒有意義，純粹是單位不同而已**。

理解「總價值」才是重點之後，這時又會有人擔心：既然股價會減少，那不是遲早會有賣完的一天嗎？特別是少了收入後，這種不安心感又被強烈放大。

別忘了，股價是可能繼續上漲的。換句話說，**只要總資產有成長，那你需要賣出的股數會越來越少**。除非最後一股股票的價格，已經小於你要提領的金額，否則股數減少並不是需要擔心的問題，真正關鍵還是在於**「剩餘多少總資金」**。

有些投資人認為高配息的股票比較安全，是因為配息的股票「看起來」很穩定，而且不用自行賣出股票，能讓人產生心理上的安慰。但其實透過高配息股票來支應退休開銷，至少有以下四個缺點：

1. 更高的內扣費用

　　高股息的各項商品，由於較高的週轉費用，加上主動的選股策略，最後的內扣總費用多半比市值型 ETF 更高，而更高的成本帶來的績效通常更差。

2. 降低全市場的分散效果

　　為了滿足高股息的條件，很可能會偏重某些產業，這除了會害你錯失一些高成長的標的，風險分散的效果也會遜於全市場的 ETF。高股息的股價看起來穩定，只是因為發了股息後股價會下跌，讓人誤以為高股息商品都長期維持在特定區間。但是，從 2-1 的〈先談風險，再看報酬〉一節我們知道，不上漲只是代表績效差，不保證能躲過下跌。如果進一步比較標準差或最大下跌幅度，你會發現高股息的商品沒有優勢。

3. 如果股價沒上漲，本金將一路減少

　　投資人會覺得配息是額外獲利，是因為假設股價一定會漲回原先的價格，但股票過去是否穩定，和未來表現沒有必然關聯。當股價未來不再上漲後，總資產同樣也會越來越低。

4. 配息率也可能改變

　　既然股價會上下波動，那發出的配息也會有所差異。也就是

說，你無法確定自己的退休生活每年可以花費多少錢，反而需要把
生活寄託在不確定的配息上，這是一個讓人難以掌控的決策。

　　我們認為真正妥善的做法，並不是追求高配息的商品，而是善
用「賣出資產轉成現金」的提領策略。這麼做最大的幾個好處就是：
可以選擇低成本，而且同時符合大範圍分散的全市場 ETF，還可以透
過符合自己風險承受度的資產配置，來打造真正符合自己期待的組
合，並自行根據消費需求來轉換成現金，不會受限於股票配息率。

4% 提領法則：將資產轉換成現金

　　將資產轉換成現金的過程中，有一個叫做「4% 提領法則」
的概念可以讓我們參考，這概念最早是由麻省理工學院學者威
廉・班根（William Bengen）所提出。[12]他研究不同的股債比
例組合在各種經濟週期的表現，發現每年提出「原始退休資金」
總資產的 4%，會有極高的成功率可以讓你持續提領 30 年以
上。[13]

　　假設你累積了 1,500 萬的退休金，第一年會提領 4%，也就是現

12　Bengen, William P. . "Determining Withdrawal Rates Using Historical Data." Journal of
　　Financial Planning, Oct. 1994, pp. 14－24.
13　延伸參考：4-6〈回測教學與蒙地卡羅模擬〉（P.242）。

金流 60 萬。假若第二年通貨膨脹率是 3%，你就需要提領比第一年多 3% 的錢，也就是 61.8 萬。「4% 提領法則」之所以有效，你可以簡單理解成：指數化投資長期下來的成長足夠穩定，每年提領 4% 以下的資產，會有很高機率能持續下去。以退休金為例，簡單計算提領金額如下：

所需退休金 = 每年必要開銷 ÷ 4% = 每年必要開銷 × 25 倍

　　只要你初步把每年需要用到的開銷乘上 25 倍，就能得出大概的退休金，最後再根據個人的需求調整。即使不一定精準，但能夠作為合理的參考依據。不過實務上我們還會遇到一些問題，畢竟市場不可能每年都「剛好」上漲 4%，**市場的總平均報酬是由每次的漲跌行情所組成**，這就是接下來我們要提到的「順序風險」。

順序風險：報酬順序差很大

　　什麼是順序風險呢？直接來看例子你就懂了。為了簡化討論，這裡先假設股市每年只會有「腰斬」（-50%）和「翻倍」（+100%）兩種可能的狀況。如果年輕時，初期持有 100 元，遇到「先漲後跌」和「先跌後漲」兩種狀況，你會發現：如果後續都不投入新資金的話，不論是「先漲後跌」或「先跌後漲」，最終的結果並不會有任何的區別。

用數學公式來看，就是乘法各項數字交換位置而已：

$$100 \times 0.5 \times 2 = 100 \times 2 \times 0.5$$

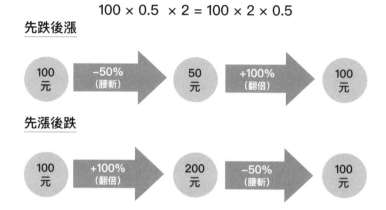

先跌後漲

100元　−50%（腰斬）　50元　+100%（翻倍）　100元

先漲後跌

100元　+100%（翻倍）　200元　−50%（腰斬）　100元

不過現實中的投入狀況比較複雜，通常人們除了一開始的 100 元外，還會持續有新的收入進帳。假設下一階段也投入 100 元，「報酬順序」的差異就浮現了：

年輕投入資金期間

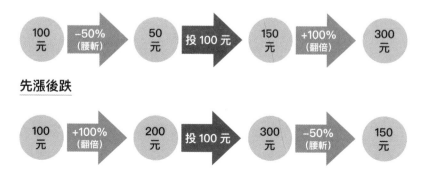

先跌後漲

100元　−50%（腰斬）　50元　投 100 元　150元　+100%（翻倍）　300元

先漲後跌

100元　+100%（翻倍）　200元　投 100 元　300元　−50%（腰斬）　150元

你發現了嗎？假如持有資產的過程中持續有新資金投入，「先漲後跌」跟「先跌後漲」的結果就會差很大了。原因在於新資金投入的當下，如果股市剛好處於下跌階段，新資金就能用比較便宜的價格買進股票，最後的結果當然會比較好。

退休提領資金期間

如果退休時，總共持有 1000 元，也遇到「先漲後跌」和「先跌後漲」兩種狀況：

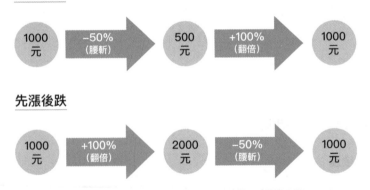

先跌後漲

| 1000 元 | → -50%（腰斬） → | 500 元 | → +100%（翻倍） → | 1000 元 |

先漲後跌

| 1000 元 | → +100%（翻倍） → | 2000 元 | → -50%（腰斬） → | 1000 元 |

跟年輕的時候一樣，如果不涉及後續資金的流入與流出，那最終結果不會有差異。但退休族群每年需要賣出一部分資產支應生活所需，我們假設下個階段會提領 300 元，這時「報酬順序」的重要性再次出現：

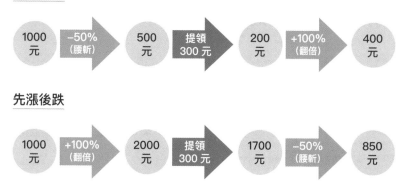

如果剛中斷收入的初期（退休），就遇到資產大幅下跌，等同被迫要在價格便宜的時候賣出資產，最終可能就會得到不太理想的結果。

以上就是「順序風險」的意思。即使有同樣的初始金額、投入頻率與市場報酬，光是因為牛市與熊市順序的不同就會產生巨大差異。為了面對這個問題，我們整理三個重要的方向：

1. 不同階段，不同態度

從上面可以看到，在投入資金的初期，如果先遇到股票下跌，其實是一件非常幸運的事情。在上一章〈買進賣出的投資金律〉中提到：我們不鼓勵主觀的判斷行情，你唯一要做的就是儘早投入市場當中，並持續買進，所以處於買進階段的時候，我們當然會期待價格便宜一點。務必記得：年輕時如果迎來任何股市下跌，不但不

該隨意賣出，你反而該想到：**「熊市」是年輕人投資最大的禮物，讓我們在投資生涯中可以迅速累積資金。**

不過退休提領的時候就不一樣了，等到你要賣出股票來支應生活開銷的時候，就要期待股票是上漲階段。當股票在下跌的時候，你就需要賣出更多股數，才能達到生活所需的金額。這時候提前賣光股票資產的機率就變得比較高，而這會導致退休後的生活品質大幅下降，因此我們應該提早開始投資並做好資產配置。

總結來說：如果你是年輕人，不需要過度擔憂股票下跌，而是該開心地繼續用便宜價格買入。但你若是接近退休的族群，就需要考慮配置更高比例的現金、債券等相對安全的資產了。

2. 熊市時提領金額最好不要太大

提領階段中提的比例越高，把錢提完的機率當然就越高。我們回到前面圖中的例子，如果隔年年初提領的是 400 元，最終的資產又會大幅度縮水：

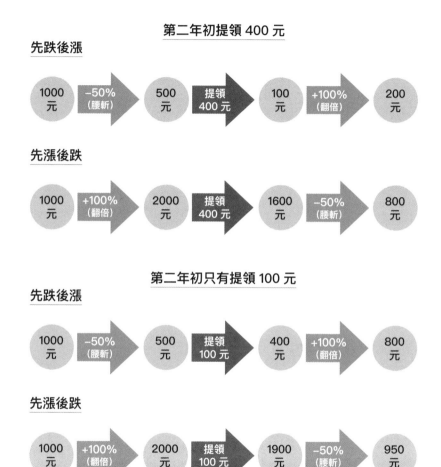

　　同樣都是先跌後漲，提領 400 元第二年初只會剩下 200 元的資產，可是如果只提領 100 元，最終資產變成了 800 元。在市場當中，每次的投入與提領都會被複利效果放大，所以：**熊市的時候提領的金額不應太高，否則資產可能出現過大的減損。**

　　由此可知，「4% 提領法則」並不是一個確切的「標準」，而是初步估算該準備多少退休金的「參考比例」。實際上退休時，萬一遇到股價嚴重的下跌，如果可以稍微減少提領比例（比方說降到 2% 至 3%），對於資產後續就會有非常大的幫助。

3. 無法預測的報酬順序

　　在不同時期，我們對股票上漲或下跌會抱持完全不同的期待。雖然我們沒有能力預知或是改變市場的走向，但也不代表就束手無策。如果你希望提高自己成功存到足夠退休金的機率，以下四大策略是你可以嘗試努力的方向：

- **早點存 – 及早開始投資**：越早開始的投資計畫，就擁有越長的複利累積期間。要讓自己過上舒服的退休生活，最根本的解決辦法就是從年輕就開始規劃，才有足夠時間讓資金成長。
- **存多一點 – 提高投資的金額**：假設存一千萬對你來說不夠用，那就想辦法讓自己存到一千五百萬。如果目前的資金累積速度比預期的還更慢，那就試著提高每個月能投入的金額。比起把最終成敗寄託在市場報酬率上，有意識地提高自己的收入與儲蓄率是更有效的做法。
- **少花一點 – 提領時的比例減低**：如果到了退休階段，發現資產消耗的速度比想像中更快，那就必須縮減非必要的花費，以讓整個

計劃能進行得更順利。不過我們認為這是次佳的選擇，你應該從其他層面優先著手，而不是最後發現資產累積不足的時候，才被迫減少提領。

- **不要太保守－嘗試擁抱波動**：過度擔心短期的波動，反而會害你陷入長期危險之中。我們建議你年輕時，在自己可接受的程度內，不要太害怕提高風險資產的比例；年老後，也不見得需要完全放棄股票。當你充分認識投資、適度擁抱波動，就能為長遠的計畫帶來一些幫助。當然，這還是得考量個人的風險承受度，為了提高報酬而承擔超出自己能力的風險，絕對是錯誤的行為。

讓你以及家中長輩安穩退休的 6 大建議

　　如果你已經接近退休年齡，能做的事情真的相對有限。最妥當的做法還是從年輕就開始規劃，而不是職涯末期才開始煩惱退休生活。投資與資產配置，雖然能幫助你提升長期成功的機率，但並非瞬間翻轉人生的魔法，既然你已經讀到這本書，就要儘可能避免自己陷入這種狀況。不過我們還是提供六大方向的建議，讓即將退休的人得以參考：

1. 注重保本：遠離所有號稱能幫你短期致富的建議
　　徬徨無助的人容易相信不合理的建議，屆臨退休者尤其容易面

臨這樣的窘況。人們往往會因為退休金準備不足，對往後的生活產生焦慮感，而被一些不肖金融業者或詐騙集團牽著鼻子走。請記得：這世界上沒有任何能讓你短期致富，又不用承擔風險的方法。你該遠離所有宣稱「無風險投資」的騙子，也避開高費用的配息基金。他們非但無法幫助你解決問題，還會讓狀況更加惡化，請務必謹慎對待自己辛苦存下的資產。

2. 妥善使用有限資源：在消費習慣中取捨

在資源有限的前提下，你應該以更有效率、更妥善的方式使用資源，「減少花費」就是重要手段之一。比方說，你原本希望退休後每年都能去歐洲旅遊，但權衡後發現這樣會讓退休金消耗太快，就可以改成去消費水準較低的國家，或是在國內欣賞各地美景。

這聽起來可能有點令人洩氣，但若投資人沒有預先準備好足夠金額，減少花費就是必須做出的妥協。如果你不想讓自己的夢想，因為現實而被迫捨棄的話，最好還是趁年輕的時候多費點心思。

3. 延續主動收入：延後自己退休的時間

「退休」之所以成為必須長遠關注的財務議題，原因就在於你原先的收入來源終止，卻持續有日常開銷，才有提早把錢花光的可能，如果能夠延後退休時間，就會對整個計畫的成功率有極大的幫助。只要晚五年退休，在市場的複利累積下，資產可以提領的時間

將遠超過五年。如果年輕時沒能意識到財務規劃的重要，讓自己延後退休也是一個選項。

4. 擁有更多選擇：用興趣創造額外收入

延續原本的工作是一個選項，但還有一個更好的選擇，能夠幫助你改善退休金不足的問題，又不致於太辛苦，那就是**探索自己的興趣，並想辦法從中創造額外收入**。

這跟「延後退休」有本質上的差異。延後退休代表你得維持本業，無論你喜歡與否，只要現實層面還需要這筆收入，就得繼續承受職場帶來的委屈與不滿。但如果等到原有工作告一段落後，換一份你真正熱愛的工作，不但能延續主動收入，大幅改善退休金準備不足的問題，還有可能為你的人生下半場帶來意想不到的突破。退休的定義並非「不工作」，我們更喜歡將它視為「不用被金錢限制選擇工作」的權利。

5. 維持你的健康：減少不必要醫療開支

為了避免原來的金流變得吃緊，你應該更加注重自己的生活習慣與健康狀態。保持運動習慣、均衡飲食、健全的心理狀態、定期健康檢查……等，如果能掌握好以上項目，除了能讓你的身心靈更加快樂平衡，也能夠減少大筆不必要的醫療開支。

6. 持續指數化投資：提高現金與債券比例

很多人為了販售商品，會洗腦退休族群一定要投資特定商品，用話術來吸引他們掏錢出來增加自己的業績，而我們的建議始終是「指數化投資」。考量到風險承受度，屆臨退休的人士或許不適合持有 100% 的股票，**但「低成本」、「多元分散」、「長期持有」的策略則是永遠有效。**

在確保完成其餘五點後，你一樣可以將閒錢（五到十年內暫時用不到的錢）投入指數化投資標的。不過這時你最好拉高保守資產的比例，畢竟已經不再有那麼充裕的時間等待股市漲回原本價格。綜合來說，本書介紹的資產配置方法，正是讓你投資事半功倍的最佳選擇。如果你離退休還有一段時間，那更應該把握機會。

讀過前面的內容之後，相信你已經能為自己設計初步的配置架構了。還沒完！現在歡迎你掃描下面的條碼，我們會告訴你：如何從更完整的角度檢視投資組合。**4–6〈回測教學與蒙地卡羅模擬〉**，教你如何**自行回測**投資策略過去的「報酬」、「標準差」、「套牢時間」和「下跌幅度」，讓你有能力親自驗證所有配置方案，同時評估既有的資產組合是否適合自己。**4–7〈槓桿的秘密〉**，我們會先解釋**槓桿的風險及注意事項**，並結合全書提到的觀念，在滿足低成本、多元分散和長期持有的前提下，透過「調整槓桿倍率」的方式，讓投資組合的**風險和報酬更貼近自身需求**。最後文中還會列出常見的槓桿工具和各自的特點，讓投資理論化為實務。

歡迎你開始學習回測的方法和槓桿的知識！

（瀏覽密碼：buy&hold_etf）

4–6　　　　　　　　　　　　　　　　　　　4–7

Chapter 5

投資實務
終極戰

5-1

金融業絕口不提的真相

看完前幾章節之後，相信你已經進一步瞭解本書推薦指數化投資的原因。接下來會進入實際操作的部分，我們先從台灣的金融業談起，告訴你金融從業人員不想透露的秘密。

業務員推薦的商品，對你有利嗎？

大部分金融商品銷售人員，會努力與客戶保持良好關係，宣稱可以免費教你財務規劃或資產配置。他們說得好聽，要為你「量身訂做」專屬的投資組合，但只是想把你最有可能買單的商品推銷出去。

金融業務的獎金大多來自銷售商品的佣金和客戶交易的手續費，這會造成一個糟糕的現象：所有人都變相鼓勵你頻繁交易，並讓你深信他的建議真的可以賺到錢，好讓你心甘情願地繼續付費。

根據我這幾年在金融業工作的經驗，大部分業務員會推薦給客戶的商品主要有兩大類，第一類是**公司當季行銷活動的主打商品**。例如：這個月有一檔新的基金或 ETF 要發售，總公司就會要求分公

司達成一定責任額。這時公司便會舉辦「投資趨勢講座」之類的活動，表面上是要分析投資商品的優缺點，但實際上他們簡單帶過市場近期新聞後，就會話鋒一轉，開始吹捧這一季準備販售的商品。

　　下一階段就是主管召集所有業務，要求每個人負責額度，讓各業務向自己的客戶推薦該季主打商品。解決客戶財務問題並非首要任務，解決自己的業績困擾才是重點。所謂「推薦」並不是從客戶的角度出發，而是依照公司當季的目標決定，最終就是為了讓我們願意買單。

　　第二類推薦的是**佣金高的商品**。假設今天你是業務，會願意花好幾個小時向客戶說明幾乎沒有佣金可抽的商品嗎？別做夢了，業務員當然會去衡量賣哪些商品可以獲得更多利益，然後儘量介紹高佣金的商品。越高佣金的商品，公司越希望業務員去推薦。另外再請你進一步思考：這些商品是對公司比較有利，還是對投資人比較有利呢？答案應該很明顯了──公司不是慈善團體，當然以營利為主。

　　業務想賺到更多獎金，就得找到各式各樣的理由拐騙客戶停損、停利和轉換標的。但在第四章關於進出場時機的討論中，我們已經清楚告訴你：**最好的進出場策略就是長期持有，而不是讓自己的投資組合頻繁轉換**。這樣不只浪費了交易手續費，還會讓你處於極為不利的遊戲當中，偏偏這些是整個金融業避而不談的事情。

　　金融業務銷售的過程，就像「賣梳子給和尚」的故事：因為和尚沒有頭髮，所以平常根本用不到梳子，平庸的業務員索性放棄；優秀的業務員找理由，努力說服和尚梳子除了有梳頭髮的功用，還可以按摩頭皮，找到梳子對和尚的其他功用；最頂尖的業務則自行創造和尚的需求，將梳子塑造成結緣品，跟和尚說這梳子經過開光後，還能擺在寺廟裡賣更高的價格，和尚可能就會欣然接受。

　　站在行銷的角度，創造需求的頂尖業務最值得學習，不過曾經有位企業家在聽到講師分享這個故事後，直接把這位講師開除了。原因在於：和尚本身根本不需要梳子，「強迫創造需求」的過程跟行騙沒什麼兩樣。

　　買個梳子頂多就是幾百元的差別，然而錯誤的財務建議，經過時間累計下來卻是動輒幾百萬的額外成本。強行創造需求而忽視客戶合適與否的行為，到底是高竿的業務，還是騙子呢？

專員，不等於專業人員

　　理財「專員」，聽起來好像很專業？但你可能不知道，業務員口中的「專業」根本沒有那麼值錢。我們先從最客觀的角度，看一下所謂「財務顧問」在台灣金融業工作的資格。

　　如果你想在台灣金融業工作，入行最低條件是需要考到「金融市場常識與職業道德」這張證照。只要是金融相關科系學生，許多

人裸考也能一次通過；即使是非金融相關科系，也可以在網路上找到考古題練習。相比之下，考駕照還比考這張證照困難，至少還要實際上車路考，但這種金融證照，可不需要實際操作經驗。

　　下一步，如果你想去券商當證券營業員，第一張必備的證照就是「普通證券業務員」（或高級證券業務員）。雖然這張證照需要比較多股票相關知識，也涵蓋一些數學計算，但題目全都來自題庫以及考古題。只有選項會更換順序，其餘題目敘述、答案數字都跟題庫一模一樣。

　　至於想當銀行理專的話，最基本要考到「信託管理業務人員」的證照，但只要採用背考古題的方式，也不難在幾個星期內通過。根據我們的實際經驗，這系列證照平均準備一個星期內就能考取。就算非本科系或是中年想轉職金融業的人，只要肯花幾週時間好好讀完考古題、背下答案，就能輕易取得進金融業工作的門票。

　　這很荒謬！在台灣如果想當醫生，必須成為成績頂尖的學生、念七年醫學院、考過醫師執照並實習數年才有機會。包括老師、律師、工程師在內的各行各業，也都需要專業科系背景加上各種檢定，才有「資格」參與競爭。駕照除了筆試外，也加入實際的路考，確保駕駛人除了背好題庫外，真的有能力在安全的情況下駕車上路。

　　反觀金融投資業，這些跟一般社會大眾分享投資觀念的人，卻是只花幾個星期就考到資格的「投資專家」。這些擁有金融證照的業務員可沒有經過額外的專業訓練，他們根本無法讓投資人的資產

處於安全的情況。

　　這雖然諷刺，但正是台灣目前實際的狀況。當你需要看病時，敢找一位沒讀過醫學院也沒實習過，只會背教科書的醫生嗎？既然大家都知道專業知識的重要，那台灣的投資人為何會放心把錢交給從未受過專業訓練的理專或營業員呢？這想必就是資訊不對稱造成的結果了。

　　如果你的理專具備專業知識，而且看股票都如此神準，那他何必花時間「幫你賺錢」呢？事實上，金融機構的業務員會分成面向一般客戶的部門，以及幫公司投資賺錢的部門。真正優秀的交易員或操盤手，幾乎都會被機構挖去內部使用，而非放出來服務大眾。

　　從業人員普遍清楚投資有風險，也多半知道自己沒有足夠的能力預測市場，所以只得任勞任怨地努力滿足公司的要求，同時努力說服投資人增加自己的業績。有段廣為流傳的名言是這樣：「經濟預測者分成兩種，一種是承認自己無法預測市場的人，另一種是不知道自己無法預測市場的人。」事實上還有第三種人，就是「明知自己無法預測市場，但為了生計，還是得假裝自己能預測的金融從業人員」。只要大家用邏輯簡單思考一下，就會發現理專們的建議未如想象中可靠。

　　所以你說這些「專業」值錢嗎？答案很明顯是否定的。理財專員們慣用的技巧，就是拿過去的績效來說服投資人未來也會如此

樂觀，這很可能是他們唯一的手段了，但大量數據已經顯示這是一個極為糟糕的策略，過去的績效並不能用來預測未來。這也被稱為「後見之明的偏誤」，或被諷喻為「用後照鏡開車」。在股市中未來的任何事情都是難以預測的，少數確定可以為你績效帶來好處的指標，就是本節接下來要談的：**降低成本**。

成本很重要：你的遊艇去哪裡了？

　　買東西不會只追求最低價格。因為「低價格」常伴隨著「低品質」，貪小便宜的心態反而容易害你在人生中吃虧。可是金融業的主管們卻常據此論點，誘使投資人忽視成本的重要，好讓券商跟銀行們可以大賺一票。

　　「一分錢一分貨，成本高沒關係，能賺錢比較重要。」真的是這樣嗎？我們比較近十年美國一萬多支基金的內扣費用和基金扣除成本「前」的績效，結果發現：不管是收費便宜還是收費貴的基金，收費前的績效都是「隨機分布」。就統計來看，**這些績效並非來自基金經理人的擇時選股能力**，單純只是因為運氣罷了。這就像古董市場，真貨一定很貴，但假貨不一定便宜。也正因為投資績效無法體現高額成本的價值，**所以考量內扣費用後，費用越高的選擇往往導致績效越差**。

　　幾乎沒有人有能力對投資市場做出準確的預測，而收取更多費

用的商品，也沒有能力扭轉這個情勢。**投資市場是未知的，成本的付出卻是確定的。**面對這種狀況，最佳解法當然就是優化所有自己能掌握的因素。畢竟利益分配其實就像切蛋糕，券商跟業務切了越大塊的成本走，投資人能分到的蛋糕就越小。

如果有任何金融業人士聲稱他的投資建議可以幫助你獲得大筆財富，打算跟你收取高額費用時，請你謹記**成本的重要性**，並重新思考：如果有人能夠透過按幾個按鍵交易股票賺錢，又何必辛苦地每天打卡上班呢？

我們用另一個情境來解釋：假設有天你意外得知隔天大樂透的開獎號碼，你會選擇哪種做法呢？

① 把開獎號碼的秘密用高價賣出。

② 把開獎號碼貼在網路上跟所有人分享。

③ 偷偷去買一張，祈禱沒人知道這組號碼。

這三種選擇分別是決策者不同的期待：選擇①販售秘密的人，代表他對於手上的開獎號碼半信半疑，索性透過「賣方法」來賺錢。這跟現實中開課的投資老師一樣，因為投資有風險，所以就選擇必勝的開課策略──因為他也知道自己的方法不會永遠管用。

選擇②公開跟所有人分享的人要不「自己」是笨蛋，不然就是把大家都當笨蛋了。為什麼呢？假設他擁有正確的開獎號碼，那只要有越多人中獎，頭獎金額就會被越多人平分掉。除非他很清楚開

獎號碼根本不是真的，才會隨意散播出去，讓不知道的笨蛋收到後沾沾自喜，幻想隔天會發財——這正是金融業與投資人的最佳寫照。

當你真正掌握了樂透密碼，最佳選擇就是偷偷買、默默賺，這才是報酬最佳而且最輕鬆的策略。這時首要目標反而是**盡可能保護秘密，不讓別人有機會分一杯羹**。

如果市場上真的有人能掌握勝出市場大盤的秘密，那他忙著自己賺都來不及，怎麼還會大肆分享，限縮自己的利益呢？那些看似樂於分享秘密的人，要不就是異想天開，要不就是把大家都當笨蛋，因為他知道這樣的投資策略充滿很大的不確定性，所以轉為透過開課賣會員和收訂閱費的模式，把不確定的市場報酬轉為確定的信徒收入。

打敗市場平均報酬是非常難辦到的事情，這裡進一步利用公式說明主動投資者與市場平均報酬之間的關聯，並解釋「付出成本」的嚴重性。

理論上：
主動投資者整體的平均報酬 = 市場平均報酬 = 指數化投資的報酬

考量成本後的真實狀況：
市場平均報酬 = 指數化投資報酬
**　　　　　　 = 主動投資人整體實際取得的平均報酬 + 額外交易成本**

　　從上面兩個等式可以看到，**主動投資者整體落後指數化投資者是數學上必然的結果**，當中差距就在於成本。在得到未知的績效之前就先付出高額成本，就好比是兩位實力相當的拳擊手開打時，其中一位先把自己的臉給對手揍三拳，競爭優勢當然下降。不論做什麼樣的投資規劃，千萬不要誤信「成本與費用不重要，能幫你賺錢就好」這種論調，我們再次強調：**績效是未知的，成本卻會 100%影響獲利**。

小心資產配置公司的陷阱

　　除了收取交易手續費的業務員，市場上還有另一種顧問是以資產規模作為收費標準，比方說每年收取總財富的 1%。美其名是讓顧問跟客戶站在同一個陣線，共同幫客戶的資產穩定成長、創造雙贏；但就如前所述，有能力長期打敗市場大盤的人少之又少，如果財務顧問以打敗大盤作為努力目標，不免有些異想天開。

　　另一方面，如果是協助追求「大盤報酬」的顧問，是不是就沒問題了呢？乍聽之下，按資產規模收費的模式看起來跟客戶利益一致，但如果多付出顧問費用並不能幫助你獲得更佳績效，長期下來就會害你的資產嚴重受損。

　　假設把 100 萬投入到平均年化報酬 5% 的商品上，30 年後會有 432.2 萬；但如果中間每年被額外收取 1% 的顧問管理費用，導致年化報酬率剩下 4%，那 30 年後你只會拿到 324.3 萬而已，這兩者之間可是有超過 100 萬的落差。

　　收取 1% 的顧問費，表面上看起來是讓人很能接受的成本，但隨著資產規模成長和複利效果累積，**每年 1% 的成本可是會造成 30 年後超過 100 萬的損失。**

　　或許你過去覺得成本高低不太重要，只要有投資就好了，賺多賺少都沒關係。但萬一這些看起來無傷大雅的成本，會讓你需要多工作好幾年才能退休，甚至讓你的退休金直接少 100 萬，想必就很有關係了。你可以想想，這 100 萬要多久才能賺回來這些成本，真的值得多努力這幾年嗎？

　　指數化投資相當強調「降低成本」，因為這 100% 會影響獲利。盡可能免去所有不合理的費用，是投資路上非常重要的課題。

　　如果你願意的話，多看幾次《穩定致富》以及相關的文章，認真研究幾個星期後，其實就可以開始嘗試管理自己的資產。執行低成本指數化投資的步驟，沒有你想像中困難。回歸到投資的初衷，投資是要讓我們的生活過得更好，而不是把你的錢浪費在非必要的地方。

商品重要，還是業務員重要？

查理‧蒙格的經典著作《窮查理的普通常識》當中有一段有趣的小故事：

蒙格走進一家店後，看見五顏六色的魚餌，驚呼魚餌的色彩多變，即使都是同樣的款式，也有各種不同的顏色變化。老闆得意地點點頭，表示這是他們店裡的特色。蒙格好奇地詢問：「魚餌有那麼多種顏色，魚真的都可以分辨嗎？」

老闆聽完後眨眨眼微笑回答：「其實，魚根本無法分辨顏色。但先生，魚餌是賣給你，而不是賣給魚的啊！只要人們喜歡不同顏色的魚餌，就會跟我買了，魚喜不喜歡？才不關我的事。」

業務員的重點從來就不是產品本身，所以沒必要關心魚愛不愛吃魚餌，他們想的是商品有什麼銷售亮點，有機會讓你掏錢出來。「商品本身不是重點，銷售者的服務比商品更重要」，這站在行銷的角度上完全正確，但也請你好好思考：你需要的到底是「魚愛吃的餌」，還是五顏六色，只是為了吸引人類購買的「餌」呢？

寫到這裡，我們絕對不是要貶低任何一位認真的從業人員，只是要提醒：業務員最大的價值不在於提供你投資建議，因為這不在他們的能力範圍。更合理的期待是，你的業務員要能夠完整地把不

同商品的特性、買賣方式以及相關規定都說明清楚。一個優秀的業務會協助客戶解決問題，即使出現他當下無法回答的問題，但他還是願意幫你找到答案，而這一切的溝通過程都要能讓雙方感到輕鬆自在。

如果你問「商品」重要，還是「業務員」重要？我們得說，會去強調「人」比「商品」重要的人，多半都只是因為商品不夠有競爭力，所以採取這樣的話術。而實際上，商品跟服務從來就不是二選一，這個行業還是有既專業、能夠親切協助客戶解決問題，而且又能販售有競爭力金融商品（同時也有能力出書）的業務。我們建議找個賣「好商品」的「好業務員」吧！這是你應得的權利。

COLUMN

—— 狂徒專欄 ——
克服行銷手法與不理性

一般的影片平台會利用廣告遮擋觀眾視線，促使消費者花錢成為會員。但某個影音平台曾經推出 VIP 專屬廣告，會員只有花錢才能看到特殊廣告，因而成為笑話。或許你會覺得這很荒謬，但金融界就是有這種事情。有些商品需要一定的資產證明和專業投資人資格才能買，但是機構收割民眾的手段一模一樣，都是利用一堆複雜的敘述來包裝，讓買的人有一種「VIP 專屬」的感覺。

這也是一種行銷手法，讓你感覺自己「不一樣」，因為你跟小散戶有差別，所以才能買到專屬商品。不過很可惜，在機構眼中，這些投資人也只不過是比較沒這麼小的散戶，需要「鍍金鐮刀」來收割罷了，實際上業務的專業能力、談吐和態度並沒有比較好。所以不要以為自己稍微有點資產，金融機構就真的會給你好商品。有 100 萬美元的人太多了，多到各銀行都成立資產管理部門，所謂的「VIP」只是一種哄抬而已。

高額基金收費會侵蝕你的獲利

高額的主動基金收費，往往會侵蝕投資人的獲利，而且幅度驚人。我模擬巴菲特的績效，並採用對沖基金的 2/20（管理費收 2%，獲利抽 20%）收費模式。各位可以發現，股神本身的績效非常耀眼，但是投資人能拿到的分成卻快速下降（圖 5-1）。有趣的是，巴菲特知道基金收費模式長期的危害，所以鼓勵大家購買大盤型 ETF。反觀那些績效不如

股神的經理人，收費還更高，你認為投資人真的能賺到錢嗎？

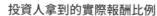

圖 5-1：如果讓巴菲特操作 2/20 收費模式的對沖基金

投資人拿到的實際報酬比例

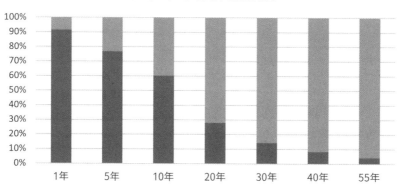

時間越久，被抽得越多

如果投入一萬元

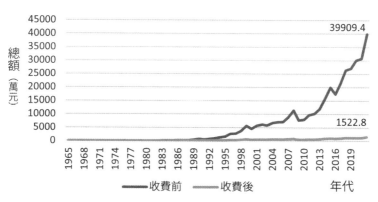

（資料來源：狂徒回測）

散戶容易陷入的心理偏誤

如果效率市場假說成立（請見 P.112），買賣都不會有額外的報酬，為什麼散戶通常虧損？ 除了成本的差距之外，在行為金融學的一篇報告中，提到影響投資人報酬的心理偏誤有七種：[1]

1. 對自己有超出實際情況的自信 （→ P.47 過度自信）
2. 過於樂觀，忽視可能風險
3. 選擇時難以全盤考慮 （→ P.47 近因偏誤）
4. 過於重視自己親自取得的資訊
5. 不習慣接受新思想
6. 過於看重過去某個特殊現象或價格 （→ P.47 錨定現象）
7. 過度重視輕易得到的資訊，缺乏思考能力

綜合上述研究，我們知道投資人的主觀選擇往往受到不理性因素的影響。怎麼辦呢？ 答案是將資金投入低成本的 ETF，並盡量擴大投資範圍，減少人為判斷，增加勝率。

1　Nicholas Barberis, and Richard H. Thaler. "A Survey of Behavioral Finance." NBER Working Paper, No. w9222, Sept. 2002.

COLUMN

—— 館長專欄 ——
基金的過去績效，能持續好運嗎？

該如何區分一個人的卓越表現是來自運氣，還是真的具有特別突出的能力，「能否具有持續表現？」是一個非常重要的指標。

舉個例子：如果威力彩的頭獎幸運兒聲稱自己找到了樂透密碼，決定開班授課，一個人收學費 5,000 元，你覺得會有人會相信嗎？不會！因為他很明顯只是運氣好。但如果這位頭獎得主又連續中了下一期、下下期頭獎，你對他的期待可能就不一樣了。屆時就算課程要價數萬，也會吸引到不少人。因為每個人都想一夕致富，而連續中大獎，看起來已經不單純只是靠運氣。

因此一個人到底是有能力還是靠運氣，可以從成功能否持續下去判斷。如果他久久才成功一次，又無法穩定發揮，就很有可能只是憑藉運氣達成的結果。畢竟不會動的時鐘，一天也有兩次是準的。

回到投資，這個概念可以用來評估基金經理人的選股能力。照理來說，該年績效前段班的基金，隔年就算沒有維持頂尖表現，應該也有不俗的排名吧？但結果恐怕讓你大失所望，眾多數據顯示：基金的好表現，常常只是曇花一現。

這就像一位世界球后前一年還風光贏得數項榮耀，隔年卻連場邊的路人都打不贏。這在專業領域有可能發生嗎？是的，這種荒謬場景在金融投資界年年上演。更諷刺的是，有一群人依然堅持使用「過去績效」來挑選基金。

依照基金的過去績效來預測未來，認為強者恆強，實際上只會帶來差勁的績效。大部分當年度表現優異的基金，隔年都不盡理想，由於好績效普遍缺少持續性，因此經理人是真的具備優異的操作能力，還是只是靠運氣？我想其中道理不證自明。

所以請不要再根據過去績效來挑選基金了！把握「低成本」和「全市場分散」的原則，才有機會建構出長期令你滿意的投資組合。

5-2

認識常見的金融商品

　　想要做到大範圍的分散，一般人比較容易接觸到的工具有五種，分別是：主動型基金、投資型保單、銀行的智能投資、ETF 和期貨。我們接下來就為你分析一下這些常見的金融商品。

主動型基金：小心高額內扣費用

　　回想起小時候去鄰居爺爺家玩的時候，早上爺爺都會牢坐在電視前，盯著一坨密密麻麻跳動的數字。在我好奇詢問之下，才發現爺爺買了一些股票，雖然他幾乎都套牢，但每天總會關注一下自己的持股是否有起色。過一陣子後，我再跟爺爺聊起這件事，爺爺失望地告誡我：「不要買股票，這些都是賭博，風險太大了！」

　　「不過你以後可以買基金啦，基金不算賭博，是把錢交給專家幫你操作，很好的！」爺爺善意地補充。

　　真的很好嗎？你可以把主動型基金想像成是將資金交給專業的操盤手，讓操盤手操作大家集結起來的資金，期望創造優異的績

效，幫助你賺更多錢。操盤手和基金公司會從投資人資金當中，抽取特定比例的費用，作為他們的收益。[2]不少人會對基金抱有好感，畢竟大家操作股票幾乎都是短線進出，而且賠錢收場居多，基金這項商品的特性讓人比較願意長期持有。由於持有時間較長，定期定額買基金的績效，普遍比短線交易好上許多。因此很多人會告誡新手股票的危險，並建議他們選擇投資基金。

不過我們先給你一個簡單直白的建議：**請遠離所有高費用基金**。費用不單指買賣手續費而已，不論是投資主動型基金或是ETF，除了手續費之外，我們都應該先認識**「內扣費用」**。

你可以把內扣費用，簡單想成專業操盤手幫你賺錢的酬勞，但其實除了付給專業操盤手的經理費和管理費之外，裡頭還包括一些標的周轉的費用，甚至是基金打廣告行銷的各項雜支。在前面我們已經證明過：即使成本只是1%的細微差距，長期累積下來都會有嚴重的損害；而我們常看到的這類高費用基金，甚至會在無形中收取1.5%至4%的內扣費用，**而且這些費用直接含在價格漲跌當中**。由於不需要在買賣時額外付出這筆費用，所以常被人忽略，但這其實才是最可怕的成本。[3]

2　基金不全然是主動型共同基金。就拿我們推薦的ETF來說，ETF英文全名是「Exchange Traded Fund」，直翻就是「可在交易所買賣的基金」。 換句話說，ETF正是在股票市場中買賣的基金。不過我們提到的「基金」，一般泛指費用較高的主動型共同基金。
3　手續費與內扣費用不同。前者是單次收取的費用，後者是會隨者資產成長，不斷增加影響力，整體更應該避免。

我們回測了 2011/11/30 至 2021/11/30 美國的各種主動型基金，發現不論是全世界股票或美國的股票、債券與不動產，甚至是大中小型的成長和價值股，幾乎都是大比例落後給簡單的指數 ETF（**表 5-1**）。另外，SPIVA 報告中也有類似的結論，只不過他們使用 20 年的區間，讓主動型基金落後的比例更加明顯。

表 5-1：2011 年至 2021 年共同基金落後對應指數 ETF 的比例

資產類型	對應指數 ETF	共同基金落後指數 ETF 的比例
中期美國債券	BIV	89.98%
短期美國債券	SHV	73.40%
美國股票	VOO	96.35%
美國不動產	VNQ	89.02%
大型成長股	VUG	94.90%
大型價值股	VTV	99.25%
中型成長股	VO	70.00%
中型價值股	VOE	91.74%
小型成長股	VBK	80.17%
小型價值股	VBR	96.11%
全球股票	VT	82.77%

（資料來源：狂徒回測）

假如你生了一種病，只要待在家裡多喝熱水就會好了，而你選擇去看醫生後，發現一次的看診費要價一萬元，而且看診後還只有

10% 的機率會比待在家喝熱水還更快痊癒，那你還願意花這一萬元嗎？如果你覺得這費用很不值得，那麼投資基金可能更是浪費。

你花了一堆費用交給專業的經理人，結果是這種勝率，那又何苦付出這種冤枉錢呢？請你務必記得：**要把你的錢放在勝率最高、最適合的地方。**

投資型保單：到底是保險還是投資？

或許投資型保單可能有特殊用途，但我們不該是以「投資」作為主要出發點。這項商品大致是把投資基金跟高額的壽險結合在一起，每個月從中多收取帳戶管理費及其他成本。為什麼我們認為不該從「投資」的角度看待投資型保單呢？因為投資高費用基金已經很不划算了，你還得負擔額外的成本；更別提在初期投資的金額中，有極大一部分得拿來繳保險費，而這些會很大程度拖累整體資金的效率。

我們推薦的做法是**把投資與保險個別獨立**，整體的成本通常會比較低。至於少部分有「高額壽險保障」、「特殊稅務」或「傳承」的需求，可以再斟酌考慮投資型保單。不過要是真有這種特殊需求，也應該向有受過專業訓練的人諮詢，而不是找只上過「銷售訓練」的業務。

智能投資：是智能，還是新型推銷？

很多銀行端都會推出智能投資的服務，號稱可以根據客戶屬性配置出最適合的投資組合，有時還會用「免手續費」當作賣點，但這種管道普遍會有兩大問題：

1. 連結標的

銀行端幫你投資的多半是高費用主動型基金，缺點就是前面提到的「內扣費用」。[4]即使透過銀行的「智能」服務，也只是大略參考你的喜好，投資對應的高費用基金而已。

2. 帳戶管理費用

在銀行，不論投資高費用的主動型基金或較低成本的 ETF，都會額外收取大概 0.3% 至 1% 的帳戶管理費用。你應該已經很清楚這些額外的費用，長期而言會帶給我們資產怎樣的損害了。

總之，依目前的金融環境來說，銀行推薦的所有投資類商品我們幾乎可以完全忽略，如果想進行相關投資，直接找券商開戶與下單，會是更節省成本的選擇。

4　少部分銀行有推出投資 ETF 的選擇，但依舊會有帳戶管理費用的缺點。

ETF：最佳的指數化投資工具

ETF 是這幾年非常熱門的投資關鍵字，也的確是我們目前最推薦的指數化投資工具。對於台灣的指數化投資人而言，ETF 具備非常多的優勢：

1. 交易方便

只要開好證券戶之後，就可以直接下單買賣，而且大多數券商也提供多檔 ETF 直接定期定額的服務，非常方便。

2. 內扣費用普遍較低

整體而言台股 ETF 介在 0.35% 到 1.5% 之間，國外的 ETF 則是 0.03% 起，整體比主動型基金低上不少，相比起來非常有優勢。

3. 少數幾個標的，就能輕鬆達到超大範圍分散

只要投資一檔 ETF，就等同於分散到數千家公司，投資全世界比非常容易（相關標的介紹請參考：5-3〈第一次買股票就上手〉）。

雖然 ETF 有這麼多優點，但有兩個大家常見的迷思：

1. 並不是所有 ETF 都適合投資

ETF 依照不同條件可以分成數種類別，帶有主動策略或是單押特定產業的 ETF 都不是我們的好選擇。原因其實就是第二章說過的

「不單押特定產業」，以及第三章「盡量降低人為預測的成分」。此外，ETF 內扣費用也是重要的篩選依據，投資人應該特別注重。

2. 選對 ETF 後不代表就可以隨意操作

　　ETF 終究只是工具，選對 ETF 後你會獲得很好的分散效果，而且僅需負擔極低的內扣費用，但隨便操作的話依舊不會有好下場，「長期持有」才是最佳的操作策略。可別自作聰明把這些 ETF 拿去短線交易，否則再好的標的也不夠你輸！

期貨

　　一般人想到期貨，直覺是高槓桿、投機很危險，但其實這項工具也有不同用法。比方說：台灣沒有適當追蹤全市場的 ETF，所以有人會透過小台指來投資台灣股市。主要優點是可以投資還沒有合適 ETF 追蹤的區域，而且少了 ETF 相關的內扣費用，最終績效上也會更有利。

　　期貨整體操作流程比股票還更複雜，除了要轉倉、注意保證金成本之外，對於資金的需求也更大。以小台來說，假設台股一萬五千點，換算下來至少需要約 75 萬的資金才能以一倍槓桿的形式操作，而且後續與其他資產的平衡與投入都會較為複雜，因此期貨雖然是可行的操作工具，但方便性並不如 ETF，所以這裡就不深入介紹。

適合投資的好工具該具備的條件

假如今天想買一件保暖的外套，你會從什麼地方開始呢？首先應該是先選定「購買平台」，不論是實體店面或是電商都可以。 如果是國外限定的特殊款式，短期沒有出國計畫也找不到代購的話，恐怕就只能忍痛放棄了。接著再選幾個自己「信任的品牌」，並從中挑選自己「喜歡的款式」、確認這些心儀款式「足以解決防寒需求」，最後就是看價格「是否符合預算」。

挑選投資工具的流程，其實就跟挑外套沒什麼差別。不論你今天要採用什麼樣的投資策略，要找到適合自己的好工具，都可以根據以下這四個條件來過濾：

1. 能夠順利買賣（購買平台）

有時我們會在國外翻譯書籍中，看到一些比較特別的指數基金或商品，對一般投資人來說，基本上直接忽略即可，那些商品多半都有資格或平台的限制，台灣投資人難以購買。

2. 發行機構的安全性（信任的品牌）

機構的安全性關乎你的資金能否順利取回，我們建議可以從兩大方向來評估：

①公司本身的規模與取得監管的認證。

　　②提供的報酬本身是否合理，有沒有出現過於誇張的擔保？小心別被不實的詐騙廣告吸引了。

3. 能達到自己的投資理念跟策略（解決防寒需求）

　　適合的商品一定要能解決你的問題，以指數化投資的觀念來說，你需要大範圍分散投資，而且盡量貼近整體的市場報酬。如果商品不能解決以上需求，就算品牌再好、價格再划算，都不用考慮。

4. 合理的成本 （符合預算）

　　如果一件外套各方面都很優秀，但要價數十萬元，大部分的人應該都無法負擔。投資也一樣，要盡可能在滿足前述條件的前提下，挑選成本最低的商品。

　　綜合考量下來，不是我們對 ETF 情有獨鍾，或是只推薦大家投資 ETF。未來如果有更符合條件的工具出現，我們當然樂於分享與採納；不過就以目前 2022 年來說，ETF 就是台灣投資人的最大福音！

5-3

第一次買股票就上手

看完前面的商品介紹，如果你沒有特別的偏好或需求，使用 ETF
投資即可。接下來我們將手把手教會你投資的各大步驟以及相關注
意事項。

STEP 1　銀行戶與證券戶

我們首先說明銀行戶與證券戶之間的關係，如**圖 5-2**。

圖 5-2：銀行戶與證券戶之間的關係

銀行戶
基本的定存、活存與提款
從這邊線上換匯
買了股票後存錢在這裡扣款

證券戶
股票與 ETF 使用的帳戶
設定每月定期定額投入 ETF
投資台灣或是全球的股票

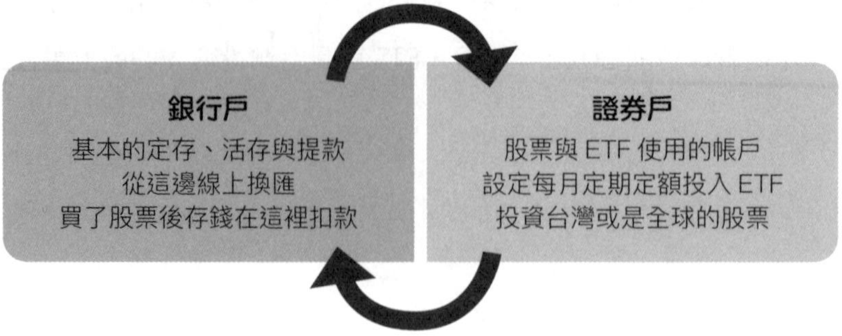

　　選定開戶的券商之後，先申請該家券商的銀行戶（各家券商幾乎都支援線上開戶），接著就可以找尋營業員開戶了。特別提醒：由於不同券商與營業員都會給予不同的折扣內容，因此我們不建議直接從官網申請，而是找尋可信任且專業的營業員（可參考 P.285 館長專欄〈開戶優惠與券商營業員的選擇〉）。開完戶之後就可以開始線上下單，流程關係如**圖 5-3**：

圖5-3：透過銀行戶與證券戶投資的流程與步驟

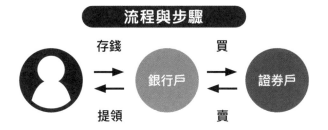

TIPS

台灣股票是兩天後的早上扣款（美股的部分，就需要存夠錢你才能下單），務必記得在時間內把錢存入銀行帳戶裡，否則一旦扣不到款就會造成「違約交割」。為確保交割順利，我們強烈建議下單前先在銀行戶當中準備好股票的錢，避免因為一時疏漏造成一輩子信用受損。

STEP 2　買賣國外股票：複委託 VS. 海外券商

如果你願意進一步踏入美股，主要有兩大選擇：透過國內券商進行複委託，以及直接找海外券商開戶。**表 5-2A**、**5-2B** 整理了兩者的差異。

表 5-2A：複委託 VS. 海外券商比一比

		說明	投入成本	開戶流程
複委託		委託台灣券商買入國外證券	交易收取特定比例手續費（可找營業員商量爭取）	簡易
常用海外券商	Firstrade第一證券	直接找國外合法券商買入證券	交易免手續費資金匯出國外需要匯費（800 元到 1500 元）*	簡易
	TD Ameritrade德美利證券[5]		交易免手續費資金匯出國外需要匯費（800 元到 1500 元）*	普通
	Interactive Brokers盈透證券		交易收取特定比例手續費資金匯出國外需要匯費（800 元到 1500 元）*	普通

* 有少數銀行提供免匯費方案。

5　2023 年後「TD Ameritrade 德美利」將轉成「Charles Schwab 嘉信」帳戶，既有的 TD 使用者皆會陸續被移轉。至於後續相關規則是否沿用，就得視之後狀況而定。

表 5-2B：複委託 VS. 海外券商比一比 (以下比較出於台灣人開非美帳戶)

		定期定額	股息自動再投入	自動退稅※	股票出借	有無英股
複委託		部分券商	✕	QI 券商	✕	少數券商
常用海外券商	Firstrade 第一證券	✕	✓	✕	✓	✕
	TD Ameritrade 德美利證券	✕	✓	✓	✕	✕
	Interactive Brokers 盈透證券	✕	✓	✓	✓	✓

（理財館長整理／資料時間：2022 年底）

KEYWORD

借券

台股只要開戶滿 3 個月，就可以跟券商申請「借券戶」的資格，把股票出借領利息。至於美股的庫存，目前台灣複委託並沒有提供此服務，有需求的人請選擇 FT 或 IB。

※　館長小叮嚀：投資美國公債與公司債的部位，會先被預扣 30% 的股息稅，含有 QI 資格的台灣券商以及部分海外券商會在隔年自動退稅。如果券商沒有這個服務，自行申請退稅的流程非常麻煩，最好選擇具自動退稅的券商。

在目前 2022 年的金融環境中，兩者的差異不會太大。複委託過去確實常被詬病批評太貴、成本太高不划算，但對「小資族」執行指數化投資而言，目前複委託整體的成本低於海外券商。至於台灣業界常提到的安全性，選擇美國券商的你也無須過度擔心，畢竟常被推薦的 FT、TD、IB 都是國外正規合法且具有足夠規模的證券公司，出事的機率可能比台灣券商還更低。

複委託注意事項

1. 手續費價格

以各項收費而言，海外券商多半公開透明，清楚寫明每次交易所需成本。反觀台灣複委託的手續費，由於法規的限制和某些業界習慣，一直是無法公開討論的話題，投資人無法清楚掌握。每家券商的手續費用有很大落差，價格甚至會因為不同的業務員而有所不同。如果沒有議價，有可能會被收取特別高的費用。不過，雖然比起「依照特定比例收費的內扣費用」，單次手續費對長期投資的影響相對沒那麼劇烈；但只要花點精力跟營業員溝通，或一開始就慎選開戶專員，就能為你省下不少費用。另外，有些券商會提供「低成本定期定額」的專案，特別適合每月投入金額在五萬元以下的小資族，歡迎參考館長專欄：〈開戶優惠與券商營業員的選擇〉。

2. 標的選擇

如果想投資特定國家發行或其他特殊 ETF，可能要找到特定券商。比方說很多人會因為稅務問題，而選擇英國發行的 ETF，國內目前只有少數券商能買到。而前文提到的定期定額免低收專案，各券商也會有不同限制，建議你在開戶前都確認清楚。

3. 整體的規模與成熟度

台灣市場與券商的規模都比不上國外大型券商，而且投資美股的管道是近年才興起，歷史不如美國老牌券商悠久。當複委託業務因為專業度不足或是沒有先例可以參考，而回答不出問題時，你能參考的網路資料也不多。相對地，若你有能力閱讀國外論壇資訊，使用海外券商能得到更多非官方的幫助。

海外券商注意事項

1. 評估成本時一併考慮匯費

海外券商通常免手續費，但資金匯往國外的過程銀行通常會需要一筆費用[6]，這就是選擇海外券商的實際成本。目前各家銀行的匯費加上郵電費大約介於 800 元至 1500 元。換句話說，如果投入資

6　有銀行提供免匯費服務，但是需要滿足特定條件。

金較小的話，海外券商較不划算。

2. 定期登入帳戶以避免股票被美國州政府收回

2020 年年初，陸續有網友反應自己因為三年以上沒有交易，也沒有登入帳戶，因而被美國州政府認定為靜止戶，導致無法動用自己的股票。雖然後續有機會拿得回來，但你需要耗費非常多心力與美國交涉。因此如果你選擇使用海外券商，務必記得每年最少登入一次帳戶查看狀況，而這也是對自己投資行為的一種負責。

3. 把帳戶概況與帳號密碼交給信任的人

假設你未來發生不可預期的意外，海外券商並不會主動通知你的家人有這筆資產。因此建議使用海外券商的人，最好把大致的資產狀況讓家人知道，相關密碼也建議交給信任的人。否則不幸發生意外時，除了家人得花心力與海外券商交涉，還可能被收取高額遺產稅，必然會帶來非常大的困擾。

再次強調：我們認為不論是複委託或海外券商都是合理的選擇，你可以參考一下上面列出的差異與注意事項，評估何者比較適合你。如果沒有特別想法，可以參考下方小提示來選擇。

複委託 VS. 海外券商怎麼選

- 打算採取較為簡略的配置方法
- 不希望未來可能要自行跟美國相關人員交涉
- 每次投入資金較小
- 想定期定額

} **複委託**

- 真的有頻繁買賣需求（我們強烈建議長期持有）
- 想採取較為多元廣泛的資產配置
- 比起國內金融機構還更相信美國金融監管
- 資金存放在國外
- 想買國內券商難以提供的特殊商品

} **海外券商**

STEP 3　選擇你的全球股債 ETF 標的

篩選 ETF 的 2 大原則

1. 追蹤邏輯

　　指數化投資以持有整體市場報酬為主，所以不會制定特殊的選股策略，因此只要帶有主動操作成分的 ETF 都不適合。你該選擇的 ETF 指數是以市值作為依據，相關的限制越少越好，盡可能去除人為預測。光是用這個原則篩選，市面上那些常被推薦的 ETF 就剩不到十分之一。

2. 相關的內扣成本

　　在前面關於主動型基金的篇幅中，我們談到了內扣費用的嚴重性，而 ETF 也不例外。每一檔 ETF 背後都需要專人與團隊管理，這都會衍生對應的費用。雖然整體而言，ETF 的成本普遍低於主動型基金，但依舊有很多費用過高的 ETF 你需要避開。

　　表 5-3 我們幫你整理 110 年，台灣幾個常見 ETF 的內扣費用：

表 5-3：110 年常見 ETF 內扣費用整理		
標的名稱	代號	內扣費用
元大台灣 50	0050	0.46%
富邦科技	0052	0.57%
元大高股息	0056	0.74%
富邦台 50	006208	0.35%
富邦公司治理	00692	0.35%
元大 ESG 永續	00850	0.46%
國泰永續高股息	00878	0.57%
元大 S&P 500	00646	0.61%
統一 FANG+	00757	1.18%
國泰台灣 5G+	00881	0.83%
富邦越南	00885	1.47%
元大台灣 50 正 2	00631L	1.27%
元大台灣 50 反 1	00632R	1.17%
投資全世界	VT	0.08%

（整理：理財館長）

　　經過層層關卡篩選，你會發現大多數台灣常被討論的 ETF（例如：0056、00757 和 00878）都不符合標準。

　　看完了挑選 ETF 的兩大邏輯，以及不太推薦的高費用 ETF 之後，以下幾頁會列出指數化投資者最常選擇的標的，並附上相關說明。至於沒列出的部分，多半有費用過高或帶有主動成分的問題（**表 5-4A、5-4B、5-4C**）。

表 5-4A：台灣股票型 ETF 常用標的

股票代號	追蹤範圍	2021內扣費用	特點
0050	台灣市值前 50 名大型股	0.46%	涵蓋台灣市值 7 成左右的 ETF，相比起 006208 有更大規模，也更容易成功出借股票賺利息。
006208	台灣市值前 50 名大型股	0.35%	涵蓋台灣市值 7 成左右的 ETF，相比起 0050 有更低的內扣費用，進而導致回測報酬略勝。
0051	台灣市值51 到 150中型股	0.67%	涵蓋台灣市值 1 成 5 左右的 ETF，與 0050 或 006208 搭配，可以將整體涵蓋市值拉到近 8 成 5，總數量也提升到 150 家企業。

表 5-4B：國際股票型 ETF 常用標的

交易所代碼	追蹤範圍	2021內扣費用	特點
VT	全球整體股市近 9000 間公司	0.08%	涵蓋全球股票市值約 98%，包含大、中、小型股，但缺乏微型股。
VTI	美國整體股市近 4000 間公司	0.03%	比起一般人常提到的 SPY、VOO 只著重在大型股，這檔 ETF 更能代表美國整體的股票市場。需與其他標的組合出全球配置。
VXUS	除美國外的整體股市近 8000 間公司	0.08%	可以跟 VTI 搭配組合出全球的組合，避免單押在美國市場。
VEA	除美國外的已開發國家近 4000 家公司	0.05%	可以跟 VWO 組合出類似 VXUS 的配置。
VWO	全球新興市場近 5000 家公司	0.1%	可以跟 VEA 組合出類似 VXUS 的配置。
VWRA（英股）	全球整體股市近 4000 家公司	0.22%	涵蓋全球市值近 9 成，雖然缺乏小型股且內扣費用高，但不會特別配發股息（累積型），而且稅務上更有優勢。

表 5-4C：國際債券型 ETF 常用標的

交易所代碼	追蹤範圍	2021內扣費用	特點
BNDW	全球整體投資級債券	0.06%	同時包含公債與公司債，一檔全球總體債券標的。
BND	美國整體投資級債券	0.035%	同時包含公債與公司債，一檔美國總體債券標的。
VGIT	美國中期公債（3年至10年）	0.04%	比起總體債券，公債通常擁有更好的保護性。
TLT	美國長期公債（20年期以上）	0.15%	長期公債與股市負相關性更明顯，但受利率影響的波動也較為劇烈。
AGGU（英股）	全球整體投資級債券	0.1%	不會特別配發股息（累積型），而且稅務上更有優勢。

表 5-5A：台灣股票常見組合優缺點一覽

	0050	006208	0050 / 006208（80%）+ 0051（20%）
優點	透過單一標的就掌握了台股七成左右的市值，而且標的本身在台股裡面，算是符合各項標準的選擇，各券商定期定額也十分方便。		0051 可以跟 0050 / 006208 搭配，等同於一次投資台灣上市前 150 大的企業，涵蓋台股近 85% 的市值，更為貼近指數化投資追蹤全市場的核心理念。
缺點	只著重在台灣的大型股，只有50 間企業，股價難免會更受前面最大的幾間公司影響。		0051 內扣費用稍高，且大多數券商無法定期定額買入，整體成交量低，比例不容易達到預先設計的要求。
補充	兩個差異不大，而且各有些微優劣，建議你選擇方便順眼的即可，不需要太過糾結。		如果採用此配置，建議掌握大致比例即可，不一定要隨時精準地維持上述比例。

表 5-5B：全球股票常見組合優缺點一覽

	VT	VWRA
優點	一檔就可以分散到 9000 多間公司，而且由於市值加權的機制，等同於內建市值調整。例如：當未來美國如果出現衰弱，佔比也會逐步調降，不需煩惱各區域之間的配置比例。	一檔分散到全世界，稅務上比美國發行的 ETF 更有優勢，而且本身屬於累積型的 ETF，不配息就免去了股息再投入的麻煩。
缺點	整體內扣費用與涵蓋範圍會比拆成 2 至 3 個標的投資略高，而且不包含微型股。	與 VT 相比缺乏小型股，而且不論是涵蓋範圍或是內扣費用都略遜 VT，如果未來稅率政策作出調整時，優勢可能就更加減少。
補充	當微型股表現好時，VT 會相對弱勢，不過比例不高所以影響不會太大。	購買英國發行的 ETF 比較困難，通常手續費略高，目前券商也沒有提供定期定額 VWRA 的管道。
	VTI+VXUS	**VTI+VEA+VWO**
優點	透過兩檔組成超過一萬家的公司，總內扣費用贏過 VT，而且可在美國與非美國之間設定比例，使美國不至於佔過高比例。	就是 VTI+VXUS 優點的加強版，更低的費用、更大的涵蓋範圍，比例的設定也有更高的彈性。
缺點	分散兩個標的管理上會比較麻煩，而且當美國或非美國嚴重大跌時，要維持原先設定的比例，心態上可能需要克服。另外人為設定比例的部分，稍稍帶有主動思維，整體不見得有優勢。	前述 VTI+VXUS 的缺點更加放大，三個標的其實在投入成本以及再平衡上都會麻煩許多，管理上更不容易。
補充	可以參考 VT 的市值佔比設定，或直接各半配置。	可以參考 VT 市值佔比設定。

表 5-5C：全球債券組合優缺點一覽

	BNDW	BND
優點	一檔就可以分散到全世界的總體投資級債券，避開單一國家風險，也不用思考自己要持有的債券天期。	一檔就可以投資美國的總體投資級債券，稅務上更有優勢，而且美國本身的信用評等也較佳。
缺點	由於稅率的關係，整體成本會比BND 還高一點，而且投資級債券在面對下跌時保護力通常比公債更差。	承擔單一國家風險，此外因為跟BNDW 同為投資級債券，所以問題一樣是：下跌時的保護力比公債差。

	VGIT	TLT	AGGU
優點	公債的保護力比投資級債券更佳。此外，為了更全面持有各天期債券，可以考慮跟 TLT 組合搭配。	與股市的負相關性最大，在股票下跌時，可能提供最反向的保護。可以考慮跟 VGIT 組合搭配。	透過一檔投資全球投資級債券，英股享有稅率優勢，累積型更省去了股息再投入的麻煩。
缺點	承擔單一國家風險，此外若跟TLT搭配的話，就需煩惱比例以及管理問題。	除了 VGIT 提到的缺點，長債本身的波動度在債券之中算非常大，對於利率的變化極為敏感。若無法接受債券高波動性，不建議選擇。	跟上面兩者一樣是投資級債券，保護力不如公債，此外英股投入的成本與門檻都略高。

（整理：理財館長）

股債配置的思考步驟

1. 參考 4-3〈從零開始的資產配置實戰〉的股債比例建議，決定自己的股票與債券的比例（若要加入其他資產就需要額外評估）。

2. 思考股票部分在台灣以及全球不同區域的佔比各是多少？債券部分要以美國為主或是分散至全球？

3. 根據前述介紹與優缺點，配置出自己滿意的組合。

如果你覺得還是太麻煩，還有 AOA 這種內建股債平衡機制的 ETF 可當作選擇，只不過內扣費用也稍高（2022 年是 0.15%）。它是由 80% 股票＋20% 債券組成，每半年再平衡一次。此外還有不同股債比例的選擇，你可以視需求挑選。

由於版面有限，不可能詳細介紹所有標的，我們把最常見的配置標的列出。此外，市面上也有部分特定用途的標的（槓桿、因子投資……等），但你購買這些 ETF 的時候，必須承擔更高的成本和犧牲流動性。這部分的概念稍稍偏離最基本的指數化投資，本書不特別介紹，各位自行斟酌。

最後補充，這邊沒有特別列出這些標的過去的績效，是不希望你在選擇標的時，被過去短短幾年的行情所影響。挑選適合自己的配置時，應該從資產或標的特性著手，而不是看最近誰漲得多就追哪一個，這也是從「主動投資思維」踏入「指數化投資」的一個重要關鍵。

COLUMN

───── 館長專欄 ─────
開戶優惠與券商營業員的選擇

如果以長期投資為前提,每一筆收取的手續費對整體資產不至於有太誇張的影響。真正影響更大的是持續的內扣減損,比方說每年 1.5% 的管理費用。不過站在指數化投資的角度,我們還是會希望盡量降低各種成本,特別是沒有實質回報或意義的成本。

正如我文章所說,不論是營業員、理專或是我們都沒有能力幫助你抓住股市的漲跌,所以如果看到有營業員或券商用類似宣傳手法來吸引客戶,你就該避開。比較需要考量的點就是業務解決問題的能力,只要他能用正確態度處理所有你提出的疑問,我想這就初步及格了。

最後分享一下,在撰寫本書當下,我本身也是金融業從業人員。如果有開戶或保險的需求,歡迎直接**私訊「理財館長」的 IG 或 FB** 表明自己是本書的讀者,想要尋求進一步資訊。不論是協助解決問題或開戶優惠,我都很樂意為讀者親自把關,讓你不需要額外費心。

金融業只是我一時的工作,**促進金融環境的進步,才是一輩子的志業。**

聯繫館長

5-4

單筆投入與定期定額，超簡單！

　　如果你已經開好證券戶，也認識了投資標的，現在就可以進入最關鍵的環節了。第一次要把錢放入投資市場，想必你會覺得相當緊張，但其實已經度過最困難的觀念建立階段了，因為指數化投資實際執行起來超級簡單！

掌握進出場策略核心重點

　　買進賣出的時機並非一般人可以掌握，為了追求極低機率的成功而投注過多心力並不划算，但我們都認同整體市場長期而言會不斷向上成長，因此我們進出場策略的核心重點是：**盡量撇除人為對行情的預測，讓大部分的資金越早投入，效果越好**。我們回測了 S&P 500 的報酬分布，如 P.118 **表 3-1**。根據此結果，可以得出兩個重點：

1. 短期股價上漲與下跌具有隨機性，機率上「接近」擲硬幣出現正反面的機率（54%）。

2. 雖然機率上極為接近 50％，但單日上漲的 54％ 機率還是微幅領先，因此時間拉長後正報酬結果會更為顯著。

　　根據證交所資料統計：從 2003 年至 2021 年總共 19 年的時間，台灣最具代表性的 ETF 台灣元大五十（0050）共有 15 年上漲、4 年下跌，粗估單年上漲機率大約有 79%——這正是期望值累積後的結果。

　　以賭場為例：就算每個單一賭局莊家只握有微幅優勢，但這個優勢如果放大到所有賭客和每個夜晚，最終依然能讓賭場賺進大把鈔票，所以賭場才會希望賭客最好夜夜流連在此處。如果每一天上漲機率都以極小的優勢勝過下跌，那你只要當個聰明的賭場老闆：①讓錢及早進入正期望值的市場，②讓錢待在市場越久越好。

一次全部投入 VS. 分批進場

　　當你有一筆為數不小的資金想用來投資時，應該要勇敢地一次投入，還是分批投入呢？

　　你可能會覺得分批進場好像比較妥當，但我們的解答恰恰相反：**如果不考慮任何人性因素，一次把不影響生活、即將作為投資用途的資金全部放進場，才是我們最推薦的策略。**

　　這時你會想「一次把全部資金都投入進去，這樣風險也太大了

吧！」我們完全能理解，但很違反直覺的事實是，一次投入全部資金，中後期承擔的報酬波動風險，其實跟分批投入的報酬波動風險一模一樣。先一起看一下，在 2007 年單筆投入 100 萬至美國股市，跟每年初分批 20 萬，共分 5 年才把一百萬投入進場，兩者的差異，如**表 5-6**。

投入美國整體股市	2007 年單筆 100 萬	2007 至 2011 分批每年 20 萬
年化報酬	10.70%	11.56%
2007 至 2010 分批時淨值波動	22.27%	11.00%
2011 至 2021 分批完的淨值波動	11.72% 後續相同	11.72% 後續相同
2007 至 2021 整段淨值波動	17.29%	13.16%

表 5-6：單筆投入 100 萬 VS. 每年分批投入 20 萬

（資料來源：狂徒回測）

表中的單筆投入時機點一進場就遇到「金融危機」，幾乎是近二十年來最糟的時候。但你可以看到，當五年後分批進場把資金投入完之後，後續的波動風險會跟在 2007 年一次單筆投入一模一樣。根據統計證實，將無波動風險的現金慢慢分批投入，只是「延後」完整曝險的時間而已。 [7]

---

[7]　Vanguard research. Dollar-Cost Averaging Just Means Taking Risk Later. July 2012, https://static.twentyoverten.com/5980d16bbfb1c93238ad9c24/rJpQmY8o7/Dollar-Cost-Averaging-Just-Means-Taking-Risk-Later-Vanguard.pdf.

有些人可能會反問：「可是前面四年分批投入賺得比較多，風險還比較低耶！」確實，前四年波動風險確實較低，但這純粹因為持有的現金比例較高而已。第一年的資產配置等同於 80% 現金加 20% 股票，第二年則是 60% 現金加 40% 股票；而最後一年的資產配置，就跟第一年一次投入一樣都是 100% 的股票了。前期持有風險較低的資產，當然波動風險比較低，但分批投入完後，就與最初一次進場並無差異。

分批投入等同於「變相擇時」，分五年投入就是在賭未來五年股票會出現下跌。可是在這五年把該投入「閒錢」以現金的方式持有，其實會嚴重拖累資金效率。而且萬一連續大漲四年，卻在四年後開始崩盤，反而會害你處於更不利的處境。基於以上種種原因，回測過去單筆一次進場與分批投入的勝率，前者在大部分的狀況都會勝出，而且投資時間拉越長，優勢越明顯。

如果你真的擔心風險與波動度，你該做的不是分批進場，而是把重點先從「投入時間」移回「資產配置」才對。接著我們就示範如何透過「資產配置」解決風險問題。這次使用三組不同的策略，從 1996 年開始回測至 2021 年，如**表 5-7A、5-7B**：

表 5-7A：單筆投入和分批投入的差異		
投入美國整體股市	1996 年單筆 100 萬	1996 至 2000 分批每年 20 萬
年化報酬	10.51%	8.86%
1996 至 2000 分批時淨值波動	3.76%	5.84% （波動比單筆投入更大）
2001 至 2021 分批完的淨值波動	17.84% 後續相同	17.84% 後續相同
1996 至 2021 整段淨值波動	17.34%	16.62%

（資料來源：狂徒回測）

　　如果你沒有在進入股市初期就遇到大幅度下跌，那麼單筆投入的報酬，通常會贏過分批進場的績效，甚至連資產波動都可能更低。至於分批結束後的 2001 年至 2021 年，由於投入市場的資金都是同一筆錢，所以資產波動相同。在這種情況下，分批投入只會降低報酬，並沒有解決風險的問題。

　　現在我們再來看看**表 5-7B**：加入股債配置後，比起原本全部投入 100% 的股票，股債投資組合波動度大幅降低了，分散效果也比分批投入更好，連最終報酬也勝過分批投入。還記得我們在第二章所說的自動販賣機嗎？市場很公平，想要報酬就需要付出風險，用滿手現金的方式來減少風險，反而偏離了投資的初衷。相比分批進場，透過資產配置來解決風險與波動過大的困擾，才是更加合理的做法。如果你覺得股債比 7：3 的組合還是太可怕，那再度調降股票的比例即可。只選擇在時間上分批，並不是處理風險的好手段，畢

竟市場上漲的機率要高過下跌，最好還是及早讓資金進場。

表 5–7B：分批投入與資產配置的效果比較

投入美國整體股市	1996 至 2000 分批每年 20 萬	1996 年單筆 100 萬 （股債 7：3）
年化報酬	8.86%	9.03% 勝
1996 至 2000 分批時淨值波動	5.84%	3.45% 勝
2001 至 2021 分批完的淨值波動	17.84%	12.44% 勝
1996 至 2021 整段淨值波動	16.62%	12.16% 勝

（資料來源：狂徒回測）

單筆投入的時間點

　　既然一次把資金都投入的勝率較高，那什麼時間點才適合進場呢？答案就是我們剛剛說明的核心重點：**盡量撇除人為對行情的預測，讓資金越早投入效果越好**。換句話說，當你意識到指數化投資的優點，也認同我們的操作策略後，就無須擔心市場有什麼恐慌事件。因為證據顯示越早投入，最終的績效通常越好。此外，如果市場發生大跌，其實也不是壞消息，畢竟未來你會持續有新的資金投入。如果是即將邁入提領階段的投資人，那麼資產配置的組合才是你更需要關注的重點，而不是透過治標不治本的分批進場來解決。

　　不過要是你看完了以上分享，還是很難接受一次把資金全部投

入市場的話，倒也不用強迫自己這麼做。畢竟指數化投資的主軸在於**「達成生活與金錢的平衡」**，如果一次投入大筆資金會影響到你的心情，甚至害你做出錯誤決策，損失絕對更嚴重。

所以當你有一大筆錢可以投入的時候，若因為個人因素還是不敢一次全部進場，這時候權宜之計就是**先讓你可接受範圍內的資金進入市場，並把剩餘資金在兩年內投入市場。**實際上只是晚個一兩年，也不至於對最終結果有什麼決定性影響，怕的是在你開始投資後，因為情緒受到影響而做出不理性的停損。

雖然對資金的運用不一定要達到最完美、最有效率，保留適度彈性能確保計畫走得更長遠，但我們還是鼓勵你建立基本的認知，了解理性情況下什麼樣的選擇最合理，並在對最終成敗沒有重大影響的前提下，適當地根據個人狀況微幅調整。

簡單來說，你可以選擇不要把閒錢一次投入市場，但也不該過度神化分批進場的好處。「分批」不能解決最終風險的問題，適合你的「資產配置」才是解答。釐清以上概念後，如何選擇就由你來決定了。

定期定額：適合任何人的自動化策略

想養成一個好的投資習慣，應該盡可能降低持續執行的難度。畢竟生而為人，「感性」大過「理性」是再常見不過的事情。在生活

上感性一點無傷大雅，但投資上不理性的決策容易造成嚴重損失。因此如果採用自動化的投入策略，就能讓你的投資計畫更加牢靠。

　　「定期定額」就是一個極佳的自動化策略。它最大的優勢就是非常方便，你在券商 APP 只需花 2 分鐘設定，後續等每個月薪水進帳時，將台幣（或美元）轉至扣款帳戶就好。相較於手動買股票時，你可能會因為股價大幅波動而不敢下手，撇除人性的方式能確保你在下跌時，持續用便宜價格買進，簡直是內建了自動低檔加碼的機制（買到更多單位的股票），上漲創新高時也不會暫緩投入，摒除投資時一切不理性的因素。

3 個常見的定期定額誤解

1. 定期定額 ≠ 刻意分批進場

　　如果搜尋關於定期定額缺點的文章或影片，多半會看到資金參與市場較慢的問題，這部分確實沒錯，前面我們也為你說明了為何分批進場的效益較差。

　　不過，為什麼這容易讓你誤解呢？因為並不是每個人的定期定額都等同於分批進場。舉例來說：假設你是一個剛出社會的應屆畢業生，也剛開始意識到投資理財的重要。你打算把每月的薪水扣掉必要開銷並固定存下 5,000 元投入 ETF，就可以選擇設定每個月定期定額 5,000 元。

這會造成資金效率變差嗎？其實完全不會。因為每個月的這5,000元，就已經是你當下全部的閒錢了。換句話說，這並不是「刻意」把一筆資金拆成數等份，也不會因為延後資金進入市場的時間進而承受較低的資金效率。換個角度想，每月扣除必要開支後將剩餘資金定期定額，反而應該視為**每個月份的「單筆全數投入」**。千萬不要以為單筆投入較佳，就把錢累積一大筆之後才投入，這完全是本末倒置。

2. 定期定額 ≠ 任何標的都穩賺不賠

很多人誤以為只要套用定期定額的方式，就能避免虧損。這很大程度該歸咎於金融業界的不實宣傳，過去理專會叫人一次投入大筆資金購買他們推薦的金融商品，但經過幾次市場大崩盤、害客戶賠錢後，金融業界便改用定期定額的方式包裝，推廣各種奇怪的商品。雖然這的確大幅降低客戶賠錢的金額，但也忽略了定期定額成功的的一個重要大前提：**標的長期上漲**。

好消息是，如果你採用指數投資，那就不用為此煩惱。沒有人說只要定期定額就一定穩賺不賠，但如果能將標的分散至全世界，我們還是可以樂觀期待全世界能夠越來越好，而這長期而言將會帶動股價成長。

3. 定期定額 ≠ 永遠固定金額

雖然我們稱之為定期定額，但其實金額也不是永遠固定。假設你開始每月定期定額 3,000 元，但過了 20 年後依舊維持 3,000 元的話，你會遇到兩個問題：①今天的 3,000 元，20 年後還值多少？②月薪 3 萬元一個月存 3,000 元，月薪 6 萬元該存多少？

我們需要注意「通貨膨脹」，如果 3,000 算上每年 2% 的實質購買力減損，二十年後就只剩下約莫 2,000 元的實質購買力，比當初整整少了三分之一。月薪 3 萬元存 3,000 元的儲蓄率是 10%，而當你的月薪成長到 6 萬元，若儲蓄率保持 10% 不變的話，總儲蓄金額應該從 3,000 元提高到 6,000 元才對。

因此，最簡單的應變方式，就是隨著經濟能力逐步調高定期定額的金額。只要讓每月投資的金額，跟著你的薪資成長一起調高，這兩個問題幾乎不會構成定期定額的缺點。

綜合來說，定期定額雖然在某些方面被過度神化，但只要你釐清上面三個常見的誤解，就會發現它的厲害之處。特別是台灣多數人的支薪狀況都是每月進帳，只要採用每月定期定額的方式，有紀律地將部分收入投進全市場 ETF，對月薪族來說會是非常好的選擇！

實際下單時，你該注意的 3 件事

當你有額外一筆大資金要投入市場，就會需要手動自行下單。絕大多數人在第一次操作的時候，都會非常緊張，可能連手指都在發抖。但其實你真的不用過於擔心，如今網路上已經有非常多圖文教學，你照著步驟設定都能輕鬆上手。我們有三個小提醒：

1. 戶頭有準備足夠資金

下單之前記得準備好足夠的錢。如果是投資海外股票，則需要提前換好美元。此外，計算下單金額時記得預留手續費，否則可能因為錢不夠而導致扣款失敗。

2. 留意下單的價格

我下單的習慣是設定比當下市價略高的價格，確保能夠直接買到。此外因為價格配對的規則，即使設定得比市價還高，成交時仍會是市場當下的價格，不太需要擔心吃虧。

有些人會希望成交時比當下價格更低，刻意設定更低的價格，想撿便宜。請記得我們前面提過的基本原則：**讓資金越早投入，效果越好**。為了比當下更划算的價位刻意等待，其實就是在延後資金進入市場。雖然運氣好的話有時會成功，但股價也可能一路往上

漲,反而讓你吃虧,而且還白白耗費這些時間成本,不如直接設定當下能成交的價格就好。

3. 確認最終有成交

下完單之後記得到「成交回報」或是「庫存」確認一下已經買到。有些台灣投資人下單後不仔細確認,導致明明買到卻誤以為沒有成交。我過去在券商工作時,甚至遇過更扯的狀況:有同事的客戶下單後以為保證成交,卻因為行情關係沒有買到,他還渾然不知。過了幾個星期後,他進到公司大吵大鬧,指責我們把他的股票偷走了……還請避免這樣的烏龍情況上演。

避開市場上的擇時雜訊

詹姆斯‧克利爾(James Clear)的《原子習慣》一書中提及,對於一個習慣的維持,環境的影響很可能大過本身的紀律。我們很難單靠意志力,去避開那些有可能破壞計畫的雜訊。最好的做法,就是直接離開充滿擇時雜訊的環境,少看一些股市評論新聞、少追蹤一些分享盤勢的投資老師,讓自己置身在正確的學習空間中,你才會更容易堅持下去。所以,如果再遇到任何關於投入時機的疑問,你只要自問「哪種方法能最快讓資金進入市場?」它就是理性上較佳的選擇。

最後還有一個重點：**在投入之後，不要隨便中斷自己的複利效果。**如果把錢比喻成我們的員工，投資股票就是讓員工在市場中為我們工作賺錢。你應該不會希望員工在工作時間睡覺吧？投資也是如此，既然你認同了市場的成長性，就讓金錢待在市場內好好努力，千萬不要聽信謠言，讓可愛的錢錢員工們有機會偷懶了！

COLUMN

—— 館長專欄 ——
「意外之財」的處理方式與思維

如果你突然從遺產、樂透或保險之中，獲得一大筆「意外之財」，該用什麼方式處理，以及用什麼思維面對呢？這類的資產的獲取都是運氣成分居多，所以大部分的人都沒辦法妥善管理。根據報導，有超過七成彩券中獎者會在三年內耗盡他們的財富。

你可能會覺得，這些中獎者至少也享受了三年，大不了之後回歸原本生活，但現實並非那麼簡單。所謂「由儉入奢易，由奢入儉難」，前述案例中花盡意外之財的人，絕大多數都過得比三年前更窮困潦倒。

憑運氣賺來的錢終究將用實力輸去，想要避免這種狀況發生，首要步驟就是努力提高自己的能力，讓實力足以匹配這筆意外之財。《鄉民的提早退休計畫（觀念版）》一書中，提供了幾個值得參考的思考步驟，我將它加上我的解讀分享給你：

1. 先把這筆錢存半年，完全不要去使用它

人們原本就已經難以理性看待金錢，剛獲得一大筆意外之財的時候更是嚴重，絕對會受到強烈的情緒影響。所以我的第一個建議是：當你獲得大筆意外之財後最好先存起來，完全不去動用它，這樣最起碼可以避開剛獲得金錢時的衝動。就像衝動購物的念頭，只要等一陣子就能打消。

雖然乍看之下，這會讓資金的使用效率降低，**但錯誤投資決策帶來的損害影響卻更加深遠**。多數人不容易分辨決策是否理性，因此在剛收到一大筆資金時，直接強迫自己半年後才可以運用這筆錢，是比較容易執行的方法，避開不理性的決策至關重要。

2. 對這筆錢做出估算與學習

前面這半年等待時間，你可以好好規劃並學習如何妥善運用這筆錢。本書介紹的指數化投資正是極佳策略，透過這樣的投資能獲得約 5% 至 10% 的年化報酬。你可以試著以 4% 至 5% 保守估算，了解這個投資方式可以帶給自己怎樣的資產增幅，再評估自己是否願意將大多數的資金投入其中，享受後續的複利效應。

3. 列出願望清單

獲得大筆資金後，除了一般的投資計畫，你一定也會想體驗一些原本覺得奢侈的享受。但為了避免過於誇張的花費，我建議你將自己短、中、長期想達成的理想，列成一份願望清單，並思考怎樣應用金錢才能達成這些目標。如果是中長期的理想，建議可以透過前一步驟的投資規劃來提早準備。這裡最大的重點是**讓你的消費和願望清單上列出的目標一致**，而不是為了滿足自己的虛榮心，想買什麼就亂買什麼。

最後提醒你：雖然我們不該把財務目標寄託在任何運氣成份高的意外之財上，但如果真的遇上的時候，還是必須做好準備。如果金額真的大到難以自行處理，花錢聘請「專業的財務顧問」也是可行的做法。

Chapter 6

穩定致富
的真正秘密

6-1

最大化你的
人生投資報酬率

小館畢業後獲得兩家公司的 offer：A 公司接受在家上班，一天只要 10 分鐘就能完成工作，月薪 5 萬元；B 公司一天工作 8 小時，有時晚間或假日需要加班，薪資則稍微優渥一點，月薪 6 萬元。不考慮其他因素，單就勞力與薪水評估，如果你是小館的話，會選擇 A 公司還是 B 公司呢？

	每日工時	月薪	假日	時薪
A	10 分鐘	5 萬	休息	15,000 元
B	480 分鐘	6 萬	可能加班	375 元

這其實是可以量化的。A 公司每小時的時薪是 15,000 元。而多出來的時間，小館還可以去賺更多錢。至於月薪比較高的 B 公司，即使不考慮通勤時間，時薪也只有少少的 375 元。

透過這兩者的比較，可以理解：**除了金錢因素，我們也得考量所付出的時間成本。**換算成「時薪」後，兩者的差異一目瞭然。

$$人生的投資報酬率公式 = \frac{投入資金 \times 報酬率}{付出的時間}$$

　　這樣的概念，同樣適用於換算我們的人生投資報酬率，簡化成公式如上。公式中，影響人生投資報酬率的因素有三個：投入資金、報酬率及付出的時間。接下來，我們將拆解公式中的各項因素，協助你將自己的人生投資報酬率最大化。

1 投入資金：儘早投入，開源節流

　　關於投入資金，有三件你可以做到的事情：儘早投入（更長的複利時間），開源（提升收入）以及節流（儲蓄金錢）。

1. 儘早投入資金，儘早獲得優勢

　　這樣做除了可以讓錢有更長的時間參與複利，當資金一次複利的金額越高，帶來的獲利當然就越可觀。跟主動投資相比，我們**擁有足夠的分散效果**，因此就更有信心一次投入所有可用資金，這能為你帶來非常大的效益。

2. 開源：投資自己，提升本業收入

　　本書的主要內容圍繞著投資理財的方法和重要性，但本業收入的影響力，更是不容小覷。

舉個例子：小妤從大學時就對投資理財抱持濃厚興趣，除了關注各種省錢妙方，對研究股票更是不遺餘力。安安則是把精力放在學習與興趣上。雖然她大學時沒有特別理財，更沒有投資股票，但對自己的職涯發展做足了計畫與努力。

小妤畢業後的第一份薪水年薪是 50 萬，安安則是 100 萬，差異非常大。她們之間的差距，可是需要 100% 的報酬率才能拉平，而隨著工作年資拉長，影響層面又會進一步擴大。因為懂得投資自己、把握機會學習的人，能透過自身的能力加乘出更優秀的職場能力。

投資總有風險、理財也終有極限，在資源稀缺的情況下，本業收入還是非常重要的。特別是步入社會的早期，有意識地花時間與資源投資自己，才是讓你跟同齡人拉出差距的最佳策略。

你可能會反問：既然如此，我們幹嘛還要費心瞭解怎麼投資呢？除了增加選擇、對抗通膨等因素之外，還有一個很重要的原因在於：**指數化投資可以讓你在幾乎不減少其他時間投入的情況下，更有效地累積資產。**

投資市場，同時也投資自己，兩路並進才是最佳策略。

3. 節流：存下來的錢，才是你的錢

根據統計，大約有六成的 NBA 退役球員會在五年內破產，其他美國的運動聯盟也是差不多的狀況；此外，有高達七成的樂透得主，

最終也都會淪落到破產的下場。[1、2]

更精確地說，你一年能賺進多少錢，這並不能代表什麼；**最後有多少收入能夠被存下來**，才是更值得注意的事。這裡不是要介紹你省錢妙招，而是告訴你應該**有意識地把收入轉成資產**。

大部分的人難以守住財富，背後有很多原因，第一個原因是**不斷擴大的消費慾望**。所謂「由儉入奢易，由奢入儉難」，當明星球員缺少鉅額收入後，如果沒有改變原本的消費習慣，財務狀況會出現危機也毫不意外。

另外一個原因是關於**能力與收入的匹配**。有句話不論是放在投資領域或現實生活都很貼切：「憑運氣賺來的錢，終究會用實力輸回去。」以樂透得主來說，能有鉅額收入並非因為他有什麼高超的技能，單純只是運氣好罷了。能力不足的人就算碰巧拿到了超出能力範圍外的成果，最終多半也難以持盈保泰。

還有一個儲蓄重要的原因是：比起主動創造收入或期望投資報酬率提高，**儲蓄率是除了投入時間之外，我們掌握度最高的事情之一。**只要你願意，你完全可以合理地犧牲生活享樂，把錢多存一點下來。

不過再次強調，我們並不鼓吹極端的節儉，而是希望你透過有意識的消費（1-1〈理財，讓自己擁有更多選擇〉P.29 至 P.30），在

1　美國知名體育週刊《Sports Illustrated》統計。
2　美國青少年金融教育賦能機構（The National Endowment for Financial Education）統計。

儲蓄與享受間達到平衡。保有更多彈性除了可以讓你更能堅持計劃之外，也有助於提升你執行的動力，創造良好的正循環。

2 時間：減少投入時間，才是聰明決定

想要提升人生的投資報酬率，除了增加本金、報酬率，還有個更簡單的做法，就是「將時間花在刀口上」。假設大家領相同薪水，但你能降低工作時數的話，就可以讓時薪提高，並利用多餘時間參與更有意義的活動。

很多人剛接觸投資時，會以為得花大把時間研究線圖、投資美股就要熬夜看盤，或是誤把每一則財經新聞都看得太重要，這就是把簡單的事情複雜化。

前面我們已經提過，想要贏過市場平均報酬率，你得掌握其他人不知道的消息。換句話說，專家與投資機構可以觀測到的資訊肯定比你更早。選擇降低研究時間，絕對不是消極的逃避，反而是**積極認清現實**，權衡後決定把精力投注在更值得投入的地方。

再次強調：減少投入時間並不是一個逃避性的作為，而是權衡後的聰明決定。正因為額外付出太多時間並不能幫助你增加績效，甚至可能因為雜訊的干擾，害你無法堅持長期持有。與其如此，倒不如把寶貴的時間省下來，人生有更多美好事物等著你追尋呢！

③ 報酬率：整體市場會給你優異的平均報酬

在看到這本書之前，報酬率可能是你最關心的一件事，但這反而是我們最難以掌握的因素。指數化投資就是持有整體市場的平均報酬，換句話說，只要好好執行本書交給你的觀念，大家的投資報酬率都跟整體市場差不多。更重要的是：**整體市場的平均報酬長期贏過大部分的人。**縱使是華爾街最聰明的操盤手，都不一定有能力勝出。

錢多、事少又有未來性的夢幻工作

雖然我們很難找到像前面 A 公司這種錢多、事少、離家近的工作，但在投資世界中卻有這種輕鬆的夢幻選擇。更讚的是，當你省下研究時間後，就可以有更充裕的資源增加投入資金。這就像是你找到一個報酬高、能輕鬆執行，而且還充滿未來性的完美工作。

此外，近年來每當出現投資理財或生涯規劃的教學建議，總會有人嗤之以鼻地表示：「學這些有什麼用？還不是輸給那些家裡有背景、有富爸爸的人！」這是非常負面的想法。

任何事情的成功與失敗，多半都有運氣的成分，出生是這樣、感情是這樣，你的人生與投資也是這樣。面對運氣，我們確實無能為力；**但在運氣之外，人人都有能力做更多準備。**

　　這世界當然有人一開局就有巨大的優勢與條件，只要不為非作歹，八成都能靠著家庭優勢順利過完一生。但如果我們沒有這樣的優勢，不就代表應該更努力學習、認真生活嗎？

　　諷刺的是，有不少家庭條件優渥的人，比一般人付出更多的努力；而在背後抱怨自己運氣差的人，卻從來都沒有放下成見，好好努力一番。

　　如果你覺得自己是個普通人，重點就是從自身做起。這裡告訴你的人生投資報酬率公式：「收入」、「儲蓄」與「投入資金」，就是我們共同努力的方向。即使沒有先天優勢，後天的經營也能讓你超越昨天的自己。

　　享受生活、提升自己的能力，進而取得工作報酬的增長，才是促進人生全面成長的最佳策略。

6-2

打造你的 FIRE 人生

金錢是達成目標的手段，而非終點

「只要賺到夠多錢、成為有錢人，就可以提早退休，到時就有更多時間陪伴家人，再也不用為了工作而犧牲跟親友的相處時間了。」我們常聽到這樣的說法。大家不甘過簡單的生活，選擇追尋金錢；追尋金錢了一輩子，最終卻只是為了想過簡單的生活。這聽起來，根本是本末倒置。

本書一開始介紹了金錢的重要性，也告訴你金錢可以幫助我們擁有更多選擇。但「累積金錢」，應該只是幫助你達成目標的手段之一，而不是最後的終點。前一章中提到，指數化投資除了讓你擁有領先眾人的投資報酬，還可以解放你的研究時間，讓你專注在自己的生活上。記住：**金錢的意義是讓人得以擁有更多選擇**，而不是限制我們的人生。

一般來說，賺錢除了達成夢想、滿足個人需求，還有一個重要的方向，那就是「FIRE 人生」。

追求財務自由的 FIRE 人生

　　什麼是「FIRE」呢？英文全名是「Financial Independence, Retire Early」翻成中文就是「財務獨立，提早退休」，也就是讓自己有足夠的經濟能力，即使不需要工作，也可以負擔基本的生活開銷。

　　FIRE 的重點並不是「再也不用工作」，而是「再也不用因為金錢而被迫選擇自己不喜歡的工作」。FIRE 追求的不是更輕鬆、更懶散的人生，反而是**更彈性、更有選擇性，更懂得追求快樂的人生。**套用一句摩根・豪瑟（Morgan Housel）在《致富心態》一書中針對自由的描述：**「只要你想要，你就有能力在你想要的時間、與你想要的人一起做你想做的事，這樣的能力是金錢付給你最高的紅利。」**這十分貼切地描述了 FIRE 最終的成果。

　　FIRE 還有一個核心重點，就是「追求真正的快樂」。如果你對此感到困惑，我們推薦一個很簡單的方式。首先，請你先拿出紙筆，在下一頁的〈FIRE 小練習〉寫下 3 到 5 件過去人生中讓你感到最快樂的事情，再按照快樂的程度簡單排列，滿足感越高的事情擺在越前面。寫完後，接著想想近期花了哪些大筆的費用，一樣把它們記錄在下一頁。

FIRE 小練習

Q：你記憶中讓你感到最快樂的事情是什麼？	需要花費多少錢
A：我記憶中感到最快樂的事，是……	
1. _____	$_____
2. _____	$_____
3. _____	$_____
4. _____	$_____
5. _____	$_____

Q：你近半年至一年最大的幾筆開銷是什麼？	花費了你多少錢
A：我近期最大筆的花費，是……	
1. _____	$_____
2. _____	$_____
3. _____	$_____
4. _____	$_____
5. _____	$_____

等完成了上面表格後，你可能會發現大部分快樂的事，都不需要特別多錢。通常都是關於「與人相處的體驗」或「自身成就感的實現」出現在清單當中，而這些不見得需要特別多的金錢。但實際上你近期的幾筆大花費，卻很可能跟理想中的快樂有很大的差異。

透過上面的小練習，可以協助我們釐清自己想追求什麼樣的生活，並知道自己到底是為了什麼努力。

如果為了工作賺錢，而忽視了「真正的快樂」，那就太可惜了。FIRE 其實就是一個讓你更專注在「快樂」上的方式，最終目標就是不受到外在條件的限制，自由地追尋內心的渴望。

不論追求財務自由或 FIRE，都是一個漸進式的心態轉變，而非特別解鎖的成就。有些人會希望提早退休，進而逼自己縮衣節食，甚至強迫自己做不喜歡的工作，覺得只要再「忍耐一下」，好日子就會來臨了。但越是這樣期待，最後真的達到目標時，就越可能會發現現實不如想像中的美好。因為你頓時沒了目標，更失去生活的重心。

在心理學上，「期待自己擁有」所帶來的興奮感遠超過「真正擁有」。比較合適的做法是：利用第一章所提到的「有意識的花費」做出得宜的收支，再透過後續章節所教的「指數化投資」進行有效的資產累積，讓整個過程都保持在自己舒服的節奏之中。

　　畢竟如果你追求的是快樂、是自由，那當然要儘可能讓整個人生都是如此，而不是犧牲前 40 年的人生樂趣來換取後續的 FIRE，這才是能長遠堅持下去的關鍵。

最長遠的財務目標：退休規劃

　　聊到 FIRE，也得談到退休。你可能會問：既然現在就能開開心心花錢，難道真有必要用今天的辛苦，來換取未來的安穩嗎？

　　當然有的。當你財務狀況無虞時，銀行會整天打電話吵你；但如果你有天真的出狀況，需要資金周轉時，銀行可能又怕你還不出錢，因而拒絕撥款。

　　上述例子不是要鼓勵任何人跟銀行借錢，而是要解釋：很多狀況只有在你狀態極佳時，才有能力做到。**若你在財務狀況安穩時，沒有提前考慮未來，遇到問題時，很可能就失去了解決的能力。**

　　關於退休，我們也該如此思考。或許你覺得現在的錢都夠用，但未來當主動收入下降甚至中斷後，你還能享有相同的生活品質嗎？如果你不希望退休後，需要被迫過著更簡樸的生活，就有必要為退休好好規劃。

　　至於退休族的規劃建議，在 4-3〈從零開始的資產配置實戰〉中已經有清楚的介紹，這裡我們想著重分享投資以外的退休議題。正

如 FIRE 的概念，退休的重點從來就不是「什麼事都不用做的休息」，而是「不用再為了賺錢，去做自己不想做的工作」。

退休意味著我們有更多的精力專注在自己的重心，但如果你是一個不折不扣的工作狂，或運氣很好地找到一份讓你樂意持續留在崗位的工作，那倒也不用想著年齡一到就要退休。前面提過，退休的重點在於「不用再為了賺錢，去做自己不想做的工作」，既然你真心熱愛這份工作，又何必要放棄它呢？

你知道嗎？現在聞名全世界的台積電，是張忠謀在 54 歲才創立的公司。雖然在過去他就有了非常豐富的經歷，但最讓大家印象深刻的事業，卻剛好是接近一般人退休年齡才創立。重點從來就不是年齡，而是你的理想與作為。

綜合來說，退休是每個人都一定會面臨的長遠議題，我們確實需要提早準備，但也沒必要過度焦慮。因為**退休絕對不是計畫的終點，而是人生另一個精彩下半場的開始。**

主動投資者的焦慮人生

我們在這裡也分享採用指數化投資以外的策略會遇到的阻礙。首先是身心靈的問題，根據不少全職交易者的描述，認真盯盤、操作其實是非常消耗體力與腦力的工作，長期下來一般人難以承受。此外，

主動投資每一次交易就像重新開始的賭局，縱使你已經身經百戰，但考量運氣後，依然有可能大幅虧損，甚至有機會讓你在退休前瞬間虧掉大筆退休金。

相反地，指數化投資者則可以選擇相信世界成長而不停損，面對崩盤時也有餘裕等待市場回復。退休規劃最講究的就是「計畫成功的確定性」，我們得盡可能降低各種失敗的變數，而這就是指數化投資的優點所在。

我們之所以反對主動投資，就是不希望你為了加快一點點的速度，而大幅增加失足的風險。人生並不是在比誰先完成目標，而是享受整個過程。

你想想：一個真心熱愛爬山的人，只是為了登頂累積成就而爬嗎？還是被沿途的景色所吸引、享受登頂過程的期待感呢？環島旅行的重點不會只有繞完一圈回到原點，而是在每個城市的佇足與體驗，旅程本身就是最大的意義。

既然如此，在思考投資規劃的時候，應該盡可能讓它與生活達到最佳平衡，無須花費過多精力，更無須為了加速成功而承擔過大的風險。短跑比賽需要在槍響瞬間全力衝刺、爭奪第一，但人生更像場馬拉松，比的是誰能用自己最舒服的步調跑完全程。

COLUMN

―――― 狂徒專欄 ――――
如何快速增進投資知識

我想讀者朋友們一定遇過學習過程的「瓶頸」，在投資領域也一樣。一個好的學習方式勝過千萬種無效的努力，因此**系統性學習**能夠讓你快速又扎實地增強市場競爭力。我和大多數人都靠**自行學習**累積投資知識，因此如果你有興趣，以下的心態和方法應該也能幫助你。

1. 打破教義，保持質疑

人類文明能持續進步，並不因為大家複製標準答案，而是因為各行各業的人才都在往未知的領域突破。所以，我們應該保持一貫的質疑精神，主動思考「為什麼？」、「真的嗎？」、「他哪裡說錯？」、「我如何改良？」……等問題。《穩定致富》是你最該入手的第一本投資書，但在往後的投資過程中，你也會遇到各種問題和觀念衝突。如果你習慣抱著教義而不願意思考，就會因為缺乏彈性而面臨價值觀崩潰風險。事實上，我希望大家看完本書後能試著**挑戰各種論點**，再思考如何**解決知識衝突**。我樂見你質疑本書的任何內容，也歡迎你公開或私下踢館。

2. 開闊眼界，走出舒適圈

常有讀者認為我的內容「標新立異」，甚至和圈內主流相反，可是偏偏在看完證據後，又覺得「真有道理」。我猜最可能的原因，就是我喜歡接觸不同面向的人群，也**從未自我設限**。我習慣大量閱讀，電腦中有上

萬本經典書籍，中文、英文甚至德語資料都在狩獵範圍內。正是這些經歷幫助我在市場上持續存活，也能看出一個投資學說的優點和盲點。

世界很大，當你不再顧慮「台灣主流」、「圈內共識」或「權威說法」的時候，就會發現閉門造車的荒謬，也算是入門投資領域了。

3. 半懂原則

太簡單的資訊，沒辦法幫助你更上層樓；太難的知識，也是在耗費你的時間。想要快速成長，最好的方式就是找一些深度適中的材料，搭配思考和正反檢視，讓自己的知識框架不斷**在模糊中擴張**。注意：這個外推知識邊緣的作法並非囫圇吞棗或放棄學習，而是一路朝黑暗前進。因此成功關鍵在於思考能力，讓大腦持續融合知識，並填補各處漏洞。

除非你都在原地徘徊，否則隨著時間經過，讓你半懂的材料難度會自然增加，而你也能在無形中提升自身實力。我相信本書大部分讀者都不需要公開發表意見，所以可以集中時間學習，而且不會因為知識不足被嘲笑。根據我觀察，如果只喜歡買一堆相似的暢銷書，也不願意思考，那麼你的高度無法跟著投資年齡而增加。可是如果有計畫地提升自己，這個學習速度可以讓你在三個月內超越半數坊間老師。Why not give it a try?

4. 知識源頭升級

為什麼幾乎所有國小的數學考試都禁止「計算機」？因為這種工具的威力太大，會讓老師沒辦法檢視學生的吸收程度。對於小學生而言，如果手中有計算機，他就會有輾壓性的優勢，而相同地，我們就是要藉由更高階的知識，讓自己**花費最少的時間，爬升到高度極限**。

和很多領域一樣，非科班出身投資人的最速上升路徑是暢銷書→經典書→教科書→論文→期刊。舉個例子，你可能看了《穩定致富》之後，認為資產配置非常重要，於是去找經典的《智慧型資產配置》，發現裡面提到教科書《金融市場計量經濟學》；然後你翻開教科書、順著脈絡找到後面數十頁的論文來源；而當你想要了解知識前緣的熱門議題時，期刊就派上用場了。

別擔心，你不用全部讀完，因為也不可能讀完。但是哪怕在更高層級只吸收了 1% 知識，也比自滿地留在原地還有學習效率。

5. 撞破南牆精神

有的時候，我們會遇到網路和書上都沒講到的問題，也找不到能夠解答的幫手，赫然發現自己置身未知領域。我們該做的是捲起袖子研究，在能力所及範圍內把問題解決。舉個例子，你想要跑一次效率前緣，也知道數學算法，可是在打程式的時候遇到問題。在這種狀況下，比起期待有人能提供完整解答，不如先把能修改的地方處理好，降低突破難度。

以槓桿 ETF 的價格變化推導為例，我在各大期刊和論文中都找不到答案，因此開始自行手推，並把隨機微積分和變分等知識轉換成讀者容易吸收的內容。我當然可以放棄，也當然可以直接寫一篇文章，然後隨便引用一些論文結論，反正半數讀者也看不懂，可是這樣做對我來說一點意義都沒有。事實上，我也習慣花整個晚上解決一個正負號，而這種精神對我吸收外界知識很有幫助。

6. 逐步優化

我們吸收任何知識和建立任何架構，都不可能 100% 完美，因此最快的

成功方法應該是先確保大致的方向，再調整細節。舉個例子，你不必把市面上所有指數投資的書都讀完，也可以馬上以 ETF 執行指數化投資；就算你對一開始的多元資產配置不滿意，也可以慢慢調整。

對於投資知識框架，我們也應該保持彈性，隨時準備升級，而不是抱著信念，即使在指數投資領域也一樣。不管你是服從某技術流派的教義，或是堅信存股的說法，或是守著某個股、債和不動產的黃金比例……遲早會被市場教訓。因此，讓自身**充滿彈性和開放心態**，能夠維持市場競爭力，也就多了一分生存機率。

7. 回測

回測是科學投資很重要的一環，因為它可以讓你對於策略有信心，而且能**迅速排除不合理的策略**。就如同我在 4–6 章節提到的，就算使用現成的工具，也可以在幾秒內檢視幾十年的歷史，效率高達不回測的數億倍，因此這直接成為讓投資人實力快速躍升的大殺器。

有些不懂回測的人會宣稱市場未來瞬息萬變，所以回測無效，但這就是自相矛盾。我們進入市場一定會有主觀想法，例如「股市長期跑贏債市」，而這些觀念都來自歷史回測。如果無視這些歷史，只因為無法 100% 確認市場就認為回測無效，那就是打算純靠運氣的賭徒了。

對於投資人來說，比無知更可怕的是「以為自己知道」，因為這會斷送持續成長的可能。因此，你應該像塊海綿，持續吸收外界知識，永遠不自滿。雖然投資領域學無止境，但如果保持願意接受新知的態度和持續精進的動機，你也可以建立起自己的投資知識體系，**超越昨天的自己**。

6-3

行動與改變的力量

想 1,000 次，不如實際做 1 次

　　一千個想法，也未必比得上一個實際的行動。這本書或許不會是你第一個接觸的投資理財觀念，但很可能是你首次接觸到指數化投資的完整架構，千萬不要讓自己只停留在學習、思考的階段。當你做足研究後，願意踏出行動的第一步，並為自己的投資負責，才是本書分享這些觀念最重要的目的。所有事前的理論都是空談，行動才是一切的根本。

　　或許過程中你會覺得有很多內容都還不清楚，想要慢慢釐清。確實，多思考幾個星期、多花幾個月好好研究，能讓你更踏實地做出決定，是一件好事。但如果為了追求最完美的方案，而過度拖延行動，那就有點可惜了。但如果為了追求完美、害怕犯錯而遲遲不敢開始，反而是另一個更大的錯誤。《原子習慣》中提到的「2 分鐘法則」非常適合用來解決這個困擾。所謂的 2 分鐘法則，就是當你想要養成任何習慣的時候，如果感到很困難，就先將它置換成 2 分鐘的版

本。舉例來說，假如你想培養上健身房的習慣，一開始就逼自己一週去五天，每次都訓練一個半小時，這絕對不容易堅持下去。

這時，你可以改成每次去健身房運動 2 分鐘就好，時間一到就馬上離開，這就輕鬆很多了（實務上 2 分鐘可能太短，可以調整成每次 15 分鐘的簡易版本）。最後你會開始覺得：既然都來到這裡，只練幾分鐘好像不夠，習慣也會在不知不覺中建立。

這個概念是利用人類行為的特性，來幫助你開啟計畫。比起困難又辛苦的決策，人們更傾向選擇簡單好執行的選項。在初期儘可能讓計畫的難度降低，後續要堅持下去也就輕鬆很多。

如果你是一位尚未開始投資的新手，看了前面的章節有點心動、但又有點迷茫的話，最簡單的做法，就是先挑一檔 5-3〈第一次買股票就上手〉介紹的 ETF，每月定期定額投入。如果你還是對踏入全球市場有些疑慮，先從台灣 ETF 起步也是可行的方案。

只要踏出指數化投資的第一步，自然就會更關注這項投資方法，也更有動力學習。你無須擔心自己的計畫沒辦法一次到位，很多時候都需要等到實際開始執行後，就會了解狀況，也才有機會做出調整。

人生很漫長，沒必要在短時間就做出決定。你可以花數個月、甚至一兩年的時間，慢慢釐清自己的風險承受度，逐步建立適合自己的配置。

珍惜手中的資源並注重長期成果

「小孩子才做選擇，大人全都要。」很多人會覺得嘗試一下各種投資策略也無妨，但請記住：我們手中大部分的資源都有限，特別是「時間」與「金錢」。這有點像是遊戲中的技能點或天賦值的概念。如果你的技能點或遊戲幣永遠花不完，當然沒必要妥善分配資源，反正看到什麼就全買下來。但正常的遊戲不可能讓你擁有無限資源，特別是技能點這種機制，多半是選定後就難以重來。所以玩家才會需要上網先查清楚不同職業、不同玩法該如何分配技能點，因為這會影響未來長期的潛力。一個沒有妥善分配技能點、天賦點明顯偏離方向的帳號，想要在後期與人競爭幾乎是不可能的事，「重頭來過」可能會是你唯一的選擇。

套用到人生中，也是同理。假設一個剛出社會的新鮮人，每月只能存下 6,000 元，原本可以全數用於指數化投資，結果卻因為不清楚差別，而把其中 3,000 元拿去投機操作。當時間拉長，就可能造成巨大的結果差異。

當然，指數化投資並非唯一選項，我們只是想再次強調：「資源有限的前提下，如何聰明且有效率地運用」是非常重要的課題。

如果你評估後，覺得兩種方法都能達成自己的目標，那絕對沒問題。但如果你評估錯誤，甚至根本沒有評估，就覺得「沒什麼好爭的，都買就好」，就是沒能理解「資源分配」的概念。時間一久缺點

終究會浮現，劣勢也一定會越來越明顯。將時間花在研究主動投資，最後成果不如預期，就等同於損失了「時間」與「金錢」這兩項珍貴的資源。

最好的保險：保持運動習慣

在前面的章節講述了「投資的風險」，透過分散投資以及資產配置，我們只需透過很簡單的步驟，就可以大幅降低投資的風險。事實上除了「投資風險」之外，「人生風險」也值得你重視。

保持運動習慣或走進健身房開始正確的重量訓練，更是個 CP 值非常高的方法。許多醫學研究都證實：運動不僅可以讓身體更健康，還可以抒發壓力、增加自信，讓身心靈達到更穩定的狀態。

運動習慣就跟長期投資一樣，常因為短期效果不彰而被忽視，但只要你願意堅持下去，長期一定有豐厚的成果。良好的運動與生活習慣，都可以幫助你的人生更加順利，而這些才是最佳的保險。

全方位成長，創造人生的複利效果

為什麼我們需要進步呢？某種程度而言，人就像現金一樣，放著不動就必然會被通膨吃掉實質購買力。這世界無時無刻都在向前轉動，始終留在原地的人遲早會被淘汰。

　　好消息是，你只要有意識地比一般人多掌握一點點的訣竅，就能贏過大部分沒意識的人。以遊戲來說，你只要知道該優先買哪些裝備、該如何配置技能點、了解各種職業基本的玩法……等，就可以贏過大部分的新手。這些觀念很容易吸收、執行起來也不會有特別的難度，但如果只靠自己摸索，卻會需要耗費非常多的時間與資源。換個例子：打籃球時，防守、跑位、卡位也都有一些基本的觀念，執行起來不會太難。但一個未受過訓練的人，如果上場後只知道「拍球」、「把球丟向籃框」，那與隊友的搭配勢必漏洞百出。

　　人生中有太多事情都需要「刻意」去學習訣竅。[3]如果沒有事先學習、找到參考，你很可能繞了一大圈還找不到正確的路；但只要你主動去掌握這些訣竅，縱使只是一個小觀念的轉換，甚至幾乎不需要什麼額外練習，就足以讓你大幅改善結果，成為勝出的那方。

　　投資領域也是如此，在你接觸指數化投資之前，應該不曾相信投資可以這麼簡單有效。它雖然無法幫助你成為市場上賺最多錢的人，但能讓你有非常多時間做自己真正擅長的事。指數化投資不但風險低，報酬又處於前段班，而且我們推薦它，最重要的理由是：它能讓你把生活重心拉回自己身上。

3　延伸參考：《刻意練習：原創者全面解析，比天賦更關鍵的學習法》（方智，2017）。

　　以投資的角度而言，指數化投資並不能讓你一夕致富；但以宏觀的角度來看，指數化投資人可以有驚人的成長——因為人生的複利效果，遠比投資數字的增長更有發展力。

　　我們建議你要有意識地讓自己持續進步。你不一定要逼自己在短期內大幅改變，但如果能每隔一段時間就多進步一點，不管是職涯的累積、逐步調高定期定額的金額，還是精進興趣、深化人際關係互動都一樣。即使每次調整的幅度不大，隨著時間過去、每個微小的優勢都累積起來後，你會發現自己正在全方位地成長，而這會帶給你嶄新的人生。

　　穩定致富的路上，本書會與你相伴。

COLUMN

───── 狂徒專欄 ─────
財務自由只是狀態，不是終點

我公開發表的第一篇文章，就是〈我不理財，我投資〉。雖然我們都知道理財包含投資，但是我想講真正有投資含金量的內容，而不是一堆理財心法和哲理。對於「財務自由」也一樣，我只講大家能複製、檢驗和成功的方法，同時反對沒有實質意義的心靈毒雞湯。

我的資產公式：
資產 = 多元實業 + 專業收入 + 市場投資 + 運氣

實業資產屬於主動投資，而且會受交際圈和背景影響，沒有正確答案；專業收入因人而異，差距可以到上千倍；運氣我們無從下手，除非藉助神秘力量。
唯獨市場投資，我們處在相對公平的競技場，能改變的部分是報酬率和時間。儘早投資，就是幫助你拉長時間。

對我而言，財務自由只是一個狀態，而不是終點。就像高中時代，很多男生喜歡談改裝機車，那是因為連駕照都沒有，能講上一句就覺得很帥。等到真正考駕照之後，這種新鮮感突然消失，大家逐漸不聊了。當一個人整天騎單車，當然覺得小綿羊時速 100 就很快。那是因為他不知道，我們低調的重機騎士輕輕鬆鬆就可以騎破 200。同理，整天強調財

務自由的「老師」，往往也都是沒錢的那群。

本來大家相安無事也就算了，結果「口頭 FIRE 族」又發展出一個「懶惰分支」，利用各種逃避的方式來提早達標。這就像他們百米賽跑總是跑輸，於是安慰自己說跑到 50 公尺就夠了。有人只會一直強調節省，有人宣稱減少欲望即可，有人嫌棄被動投資太慢，所以要短線交易……這些根本不富有的人，販賣貧窮和無知給徬徨的民眾，讓自己能有些收入。**你的財富，成了他的自由。**

如果你擁有市場的「定價權」，當然能主動投資，可惜絕大部分人都沒有。我們寫了整本書，就是要敘述在二級市場中最有效率的方式，剩下的時間你當然能用來增強自己。

不說其他的，我和館長合作寫書的時候，他的 IG 追蹤者超過我的 1,000 倍，為什麼我們敢合作？如果彼此都很勢利，只想賺快錢，這種合作馬上破局。時間拉長來看，和出版公司簽約、交涉、定章節期限、找資料、討論、考量群眾心理……我們學到投資之外的知識，也賺到了許多實用經驗。被動投資的威力就在這裡，**省下來的時間可以用來執行很多看似天馬行空的計畫，讓狂徒成為狂徒。**

這種實際做事情的習慣，以及不懼顛覆傳統、毀滅權威的態度，才能讓累積資產的能力加強，也才能讓你擁有更自由的人生。

COLUMN

────── 館長專欄 ──────
讓親朋好友加入指數化投資行列

當你們接觸到本書的概念後，一定會迫不及待地想把本書內容分享給最重視的親友，畢竟這套投資觀念，聽起來好得不真實，但實在太少人接觸過了。而我得先告訴你：要成功說服別人，並不是一件容易的事情。

特別是「個人理財」，是比較隱私的主題。我聽過一個有趣的說法：「最常被動物咬傷的不是獵人，而是獸醫。」很多時候我們自認是為了對方好，但若沒有做好充足準備，親友不僅不會被說服，還可能破壞你們彼此的關係，關上他未來可能接觸指數化投資的大門。

如果想要真正影響一個人，「過度用力」絕對不是明智的選擇。當他收到你強硬地灌輸的知識或價值觀時，直覺反應必然是抗拒或是逃跑。聰明的影響法，是讓對方「自己學會並認同指數化投資」或「自己想學而來請教你」，而不是你比較優越所以才「教會他」。

我認為要能讓對方有「自己學會」的感覺，並對指數化投資有正確觀念，最理想的做法就是買一本《穩定致富》送他，讓對方自己找個空閒的時間，按照自己舒服的步調慢慢建構起整個投資理財觀，這樣最保險，成功率也最高。

如果對方是個很討厭看書或是自行吸收資訊的人，但你仍希望能將指數化投資分享給他，以下提供四個注意事項，幫助你在發揮影響力的過程，能有更高的成功率。

1. 自己建立好完整的觀念

最重要的第一步是：你得先讓自己具備完整的指數化投資觀念。

雖然說服人的關鍵在於解決情緒上的問題，但最終還是要回歸到概念本身，畢竟這是我們最能掌握的部分。你一定要先對指數化投資有基本了解，再去分享。如果自己都還不熟悉，就急著想要去改變別人，可能會帶來反效果。觸發對方的不信任後，未來成功的機率就變得更低。

身邊很多保險業務朋友就是這樣，才剛學保險沒多久，就急著想要向朋友推銷，結果隨便問他兩句都答不太出來，這樣其實會大大扣分。

當然業務會有生活的壓力，需要實際案例慢慢練習。但我們推廣投資概念，並沒有這種急迫性，所以強烈建議：如果你想要影響親友的投資決定，自己一定要多下些功夫。

2. 具備吸引人的小小成果

接著你最好要有一個還不錯的小成果能展現給對方看，成功機率才會更高，這某種程度上也是再次提升對方對自己的信任程度。

試想一下，如果你進健身房想要請教練，裡面有兩位教練可以選擇，其中一位就是你心目中理想的完美身材，另一位瘦到完全看不出訓練痕跡。假使其他條件都未知的情況，你會比較想跟誰買課呢？

當然，會練不等於會教，所以單以身材條件來評估，或許不是個好方法。但現實面就是得拿出成果證明自己，才會讓人有更高的信任感。特別是在對方還不太了解的時候，適當地秀出自己的成果會更有吸引力。

等對方有了興趣，並「主動」向你尋求協助的時候，你給出來的建議，對方就一定會加倍重視。

3. 保持客觀友善的態度

等前面基本條件都具備之後，就可以試著把你學到的觀念分享給其他人，但有一點必須特別強調：**千萬不要以為懂了指數化投資，就好像高人一等**。即使指數化投資更有優勢，也不代表你可以看不起沒有採用這套投資方式的人。與人分享的時候，務必收起這股不必要的優越感。

就算是再好的方法，當你用了讓人不舒服的語氣或態度來分享，反而會讓人更抗拒。「良藥苦口，忠言逆耳」確實有些中肯的建議不是那麼動聽，但我們還是可以多注意自己的語氣或溝通技巧。至少不要讓其他人是因為不喜歡我們的態度，而放棄嘗試。

要讓這個良藥不苦口，請不要抱持說教口吻跟對方討論。除非你真的已經是箇中熟手，對方很信任你並且「主動來詢問」你該如何操作，否則點到為止即可。凡事留個後路，就算對方當下沒有馬上認同，至少未來想嘗試或瞭解的時候，會想起你曾經說過的話，這時候就會回頭來一起討論，那你的目的也就達成了。

4. 降低對方執行的難度

你會發現人們都有個壞習慣：明明知道某些事情是對的，但就是懶得去開始，最大的原因在於：一個計畫的開頭是最辛苦的，而且也不確定自己是不是會成功。

這時候你可以幫助親友降低開始執行的難度。以投資的角度來說，新手初期最疑惑的就是開如何開戶？如何投資這些簡單的問題，只要參考第五章的步驟，多花點精力協助他一起處理，我想對方的拖延症也會降低不少。

以上四個步驟利用了一些心理學的概念，我知道看起來有點麻煩，所以一開始有提到非必要的話，簡單分享即可，但如果你真的有心希望親友也能一同執行指數化投資，可能就得多下些功夫了。期待你成功後，傳訊息跟我分享好消息！

投資常見問題 Q&A

指數化投資篇

Q：既然指數化投資這麼好，為什麼使用的人好像不多呢？

A： 雖然指數化投資的概念很容易懂，但有很多違反人性的環節，例如：大家恐慌時，你得堅持持有而不隨便賣出；如果沒有放下成見，誰都不甘於看似平庸的報酬。此外，擁有話語霸權的媒體和金融機構，正是靠著高成本商品的利益與販售投資分析的流量維生，所以這套真正從投資人利益出發的方法，也就難以被一般投資人接觸。而本書就是帶領你接觸指數化投資的最佳窗口。

Q：我過去投資都非常順利，存單一公司的股票也都沒什麼問題，還有必要做更大的分散，買進全市場嗎？

A： 如果有個人過去都沒出過車禍，他下次坐車時還要繫安全帶嗎？當然要。過去幸運，不代表未來不會發生危險。舉個例子，2022 年 11 月，全世界第二大的加密貨幣交易平台 FTX 申請破產，影響無數幣圈投資人。大多數人從未想過，這間與無數運動巨星簽約的交易所會出現這種狀況。過去看起來安全又穩定的利息，其實承擔了不小的風險。

回到問題，如果你沒有發生過類似的問題，那非常恭喜你。但未來多變，沒有什麼「大到永遠不會倒」的公司。至少從現在開始，你可以做好風險規劃與分散投資，唯有如此，才能讓你資產累積的過程更加穩定。

Q：我開始認同這本書的觀念了，但要怎麼處理之前買錯或套牢的股票呢？等他們漲回來再賣嗎？認賠賣出的話好可惜喔！

A：試想，如果有人偷偷把這些買錯或套牢的股票賣出，你會想把它們買回來嗎？如果不會的話，為什麼還要繼續持有呢？

經濟學中有個「沉沒成本」的概念，主要指人們會過度在意過去已付出的成本。但過去付出了多少，不該影響未來的決斷，你應該以當下最適當的選擇作為主要考量。

如果你已經認同指數化投資，也知道 ETF 長期會有較佳表現，最好的做法就是盡快把過去不適合的股票全部賣出，一次轉成指數化投資的低成本 ETF。

「認賠賣出」等同於「承認錯誤」，當然很不容易。但如果在市況很差時認賠賣出，通常也代表你會買回更便宜的 ETF。因此不需要等到既有庫存損益轉正才處理，否則可能會錯過廣泛分散的好處。

但如果你真的還不熟悉或信心不足，就先從新資金開始規劃吧！原本就持有的個股、基金庫存，就等你未來更熟悉後再做轉換，否則新方法也不容易堅持。

Q：學習歷史以及做指數化投資難道不是後見之明嗎？我該如何做出合理的期待？

A： 過去發生的事情，不應該作為我們預測未來的手段，就像開車時應該把目光放在眼前的車輛，而非後照鏡上。那為何每台車都有後照鏡呢？因為它雖然不能幫助我們往前行駛，卻可以讓人注意後方來車。回顧歷史並不是要預測未來，而是避開前人犯過的錯，同時也了解風險的存在 。

關注歷史資訊後，做出的期待或預測是否合理，至少需要回答以下兩個問題：

① 過去會這樣發生是有什麼原因，還是單純隨機的結果？
② 當大家都知道這件事後，未來還會持續有效下去嗎？

一般的投資策略，會因為越多人採用而逐漸失效，但指數化投資有理論依據，絕對不是只有「這幾年有效」而已。此外，指數化投資本身就是追尋「市場平均報酬」的策略。越多人選擇市場平均並不會導致市場平均變低。

假設一個班有二十位學生，某天考試全班平均只有 60 分，有兩位學生缺考。隔天兩位同學補考都剛好考了 60 分，全班平均並不會因此增加或減少；而且就算再多一百位考 60 分的同學，全班的平均也不會改變。這就是指數化投資未來持續有效的原因之一，更多人選擇平均，也不會導致平均降低。因此我們才願意毫無保留地把這套投資觀念分享給你。

Q：難道主動投資就一無是處嗎？如果我真的想嘗試交易，有什麼建議嗎？

A： 想要做額外的主動交易，需要具備以下幾個條件，才「有可能」成功。

1. **不抱有錯誤的期待：** 千萬不要以為多研究就能帶來更好的績效，做主動投資前，強烈建議先閱讀完這本書，至少理解「擊敗市場」是一件連專家都覺得極其困難的事。

2. **能夠承擔較高的失敗率：** 除了很可能落後市場報酬，主動投資分散風險的效果一定更差，對於「運氣」的要求也會更大。

3. **找出自己獨特的成功優勢：** 大家都知道的消息，無法為你創造更好的績效。股價的漲跌是來自所有人的預期，好公司如果沒有大家預期的那麼好，反而有機會下跌；壞公司如果沒有大家預期的那麼糟，也可能有出人意表的成長。理解這點之後，再思考自己有何獨特優勢，可以讓你脫穎而出。如果策略沒有利基點，根本就不該嘗試。

4. **需要全盤且理性的思維：** 主動投資對於能力的要求，肯定比指數化投資高出許多。你需要清楚掌握自己的研究能力、獲利方式、風險控制、執行層面和各種環節的優化。如果只靠運氣亂交易，那就不是投資而是「賭博」了。

只要缺乏以上任一點，你都不適合做主動交易。唯一例外是：你很有興趣。若你對交易沒興趣，那就極力避免。研究過程勢必很耗時，也很有可能讓你無功而返，但如果你喜歡在這種過

程中找樂趣，虧錢就當作小賭怡情，那並無不可。前提是你評估後覺得可以承擔後果，也已經做好整體的風險控管，畢竟你不可能把所有錢都拿去找樂趣，更不可能借錢找樂趣。再次澄清，我們並非與主動投資勢不兩立，而是權衡整個局勢後，推薦你成功機率最高的指數化投資。

投資概念篇

Q：投資美股是不是很複雜？而且還有匯率的風險？

A：看了第五章的介紹後，你應該會發現投資美股並沒有特別困難，整體流程跟買台股差不多，就是開戶與下單而已。匯率部分也沒有那麼嚴重，以下分享幾個關於匯率的重點：

1. **匯率走勢是無法預測的**：就如股價一樣，匯率也是難以預測的（甚至比股價更複雜），因應策略依舊是「不擇時」。也就是不管匯率高低，只要有需求就換匯。比方說每次要投入美股時，就直接把要投入的錢全換美元，或是每月固定時間換匯。另外匯率與股市不同的地方是：長期趨勢不見得向上，因此不要誤以為美元一定會持續強勢，而去投機操作。

2. **匯率的影響不見得比較差**：不確定性確實會讓你的計畫多了額外變數，但也可能帶來益處。如果到了資產提領階段時，美元剛好特別強勢，你反而還有機會從中受益。當然，我們不需要過度樂觀，但你該知道：匯率風險不見得帶來會比較差的報酬，運氣好的話，還可能更佳。

3. **資產本身的風險比匯率波動更嚴重**：為了擔憂匯率的不確定性，而承擔了單一國家的風險，可能會因小失大。另外，在累積資產的階段，會一直有新的現金流進來，所以每次投入前的換匯，已經很大程度地分散了匯率風險。而退休後分批提領，每年把股票資產換回現金，又會讓匯率的影響降得更低。

4. **計價幣別不完全代表真正的匯率風險**：假設你用 ETF 投資全球股市 VT，即使 VT 是美元計價，但實際上美元資產只以美國部位為主，其他則會是歐元、日元等全球各貨幣的資產。其中 VT 持有台股的部位，是以台幣來買台股資產，因此當台幣上漲時，會連帶影響此台股成分股的表現，所以投資全球的 ETF 反而是把匯率風險分散至全球，而不是承擔美國的匯率風險。

Q：既然可以分散全世界，還需要特別配置台股嗎？

A： 以下三個理由，是額外加重台股比例的主要考量點：

1. **基於「本土偏好」**：台灣就是我們生活的地方，當然會希望能支持自己的國家。對某些人來說，投資台灣的安定感，遠勝於投資國外。

2. **使用台幣計價**：直接使用台幣投資不用先換成美元，對國內民眾來說少了匯率波動的風險。

3. **成本考量：**相關手續費用及方便性還是略勝美股，變現速度
　 也較優，因此有人會把台股視為有中短期資金需求時優先提
　 領的部位，更有彈性地運用。

但指數化投資希望分散全世界，不建議單押一個國家，台灣目
前佔全球整體股市不到 2% 市值，地域與政治風險也確實比較敏
感。再加上投資全世界的 ETF，標的就已經包含了大量的台灣
公司。例如：VT 就包含超過四百支台股，已經遠勝過 0050、
006208 五十支的分散程度。

成本差異部分，也因為近年券商多了定期定額的管道，投資美
股的難度與資金門檻都大大降低，一個月只需 1,000 元台幣就
能分散至全球。另外美股的內扣總開銷也更具優勢，在台灣內
扣幾乎已經最低的 006208，其費用是 0.36%，分散至全球的
VT 在 2022 年的內扣費用僅需 0.07%。

縱使考量本土偏好、匯率以及成本後，多配置一些台股可能是
合理選擇，但由於分散全球的優點，不宜把比例拉得過高，若
你完全不配置也沒有關係。

**Q：如果看完本書之後，想提高配置全球的比例，原本的台股部位
　　 該如何處置呢？**

A：再次提醒：我們只以指數化投資標的為主，不論是個股、產業型
　　 ETF 還是高費用基金等等，建議都快點全部賣出，投入指數化投
　　 資。

但若你已經買了 0050 或是 006208，如果部位沒有特別大，你只需暫停後續台股的投入，並把新資金轉入全球，並不需要特別負擔手續費與交易成本來轉換。除非你的台股佔比已經佔整體資產太大，那就可以把部分比例台股賣出，轉往配置全球。

迷思破解篇

Q： 以投資 0050 來說，如果之後上漲到 200 元，我持續抱著沒有賣出，那未來跌回 150 元，不就吃虧了嗎？

A： 這種狀況確實可能發生，但長期而言，0050 更有可能持續上漲到超過 200 元。我們無法預測股價漲多少，但可以合理推估：做好大範圍分散市場的投資，會有很高的機率越漲越高，因此推薦你選擇「買入持有」這個勝率最高也最輕鬆的策略。

Q： 既然資產會有均值回歸的特性，那當特定國家或是資產漲太高的時候，是不是可以暫停投入，等它們下跌後再大幅買進呢？

A： 均值回歸或是各種股市報酬的估算，一樣難以作為「擇時」的指標，最主要有兩大原因：

1. 你無法確定未來是否還是會均值回歸，也不確定估算是否準確，畢竟大部分的預期，都是根據歷史資料做出的期待，但未來可能超出你的想像。

2. 就算均值回歸以及你的估算都正確，但也沒人能準確預測「何時」會回歸平均。如果某資產的價格已經強勢了 10 年，你覺得即將均值回歸，所以暫停投入，結果過了 15 年後才均

值回歸，反而會讓你錯過這 5 年的報酬。

簡單來說，就算你知道未來一定會下跌，但如果不知道何時才開始下跌，就不需要想那麼多了，乖乖不擇時買入，然後長期持有吧！

Q：如果我不喜歡市面上的 ETF，可以透過買入幾檔有興趣的股票，自己組合出屬於自己的 ETF 嗎？

A： 雖然這方法看起來好像可以排除壞公司、保留好公司，甚至還省下 ETF 本身的內扣管理費，但「自組 ETF」是我們很不推薦的方式。首先，你不喜歡的公司，不代表公司股價表現不會好。再來，自組 ETF 再怎麼辛苦管理，也就是幾十支、頂多幾百支的組合，很難做到真正大範圍的分散效果。綜合來說，選擇我們在第五章所推薦的 ETF 雖然需要付出內扣費用，但整體帶來的分散效果非常值得。

Q：假如買了 VT 之後，需不需要再多買一個 VTI 來增加分散效果？或是買了 0050 後，多買一個台積電會比較安全嗎？

A： 持有標的的數量跟分散風險的效果沒有直接關聯，重點要看標的本身追蹤的是什麼樣的指數。比方說原本已經持有追蹤全世界的 VT，額外多買 VTI 反而是讓美國區域重複，加重美國的權重，而非取得更佳的分散效果。

0050 加買台積電也是相同道理，0050 原本就有很大比例投資台積電，多一個標的並不會有更好的分散，而是過度曝險於台

積電。

所以大家一定要好好思考 5-3 常見標的（P.280）選擇背後的邏輯，再合理地設計出自己的選擇，而不光只是擴增標的數量。

Q：股價比較低會比較好嗎？新上市的台股 ETF 才 10 幾元耶？

A： 這是一個常見的迷思，重點是投入標的後它後續的上漲幅度，而非股價高低。以 0050 與 006208 為例，雖然現在 006208 的價格大概是 0050 的六折，但發行價也是 0050 的六折左右。在兩者追蹤同一指數、報酬幾乎一樣的情況下，考量股價高低完全沒有任何意義。

如果一盒糖果裡面有一百顆糖果，售價 100 元，單買一顆糖果是 1 元。花 100 元買一盒糖果，和花一百個 1 元買一百顆糖果，哪個比較划算呢？答案是沒有任何差異。重點是投入了多少「總資產」以及「後續的漲幅」。

Q：0050 裡面有那麼高比例的台積電耶！風險會不會太大？還是乾脆直接買台積電就好呢？

A： ETF 之中可能會有單一成分佔比特別大，例如：美國在 2022 年佔 VT 近 60% 比例，台積電也佔 0050 將近一半比例，但這都是市值加權後的結果。簡單來說，就是表現特別好的標的，佔比就會越來越大。至於風險，你不用太過擔心，因為當這些佔比特別大的成分，未來股價出現明顯衰敗時，市值權重也會被調整得越來越低。

因此，如果有人聲稱 0050 當中台積電佔比太大，不如直接投資台積電，代表他完全不懂市值型 ETF 背後分散風險的機制。

Q：小資族是不是就適合多短線投機，才能累積大財富？

A：有些人覺得應該趁年輕勇敢從事高風險交易，反正初期資金小，就算全虧光也沒多少錢，但這種想法大錯特錯！以下幾個面向給你思考：

1. **時間資源的排擠效應：**既然要選擇研究投機，就需要花費額外時間操作，這勢必會造成時間資源的排擠。假設你一天有四個小時可以自由運用，把時間花在研究股票或是短線操作上，可能就少了兩小時充實自己跟放鬆的時間，最終的回報通常很不划算。

2. **遊戲本身的勝率：**整本書圍繞著「主動投資勝率很低」這件事，而它並不會因為你年輕而有什麼不同，就像年輕人並不會比較容易中樂透。一般人「選股」與「擇時」能長期成功的機率趨近於 0，何不選擇勝率大的策略？

3. **錯過複利的黃金時機：**年輕人虧點錢，損失真的不大嗎？這就是嚴重低估複利的影響了。假設投入 100 萬到市場，年化報酬率 6% 的前提下，30 年後可以累積到大約 574 萬；但如果把資產放到 35 年後，則可以累積到 768 萬。換句話說，多五年的複利效果，最終資產總值差了 194 萬。

假如你耗費五年時間摸索如何投機，雖然虧損看似不至於太

大，但如果這讓你晚了五年才開始正確累積資產，最終會讓你的退休金少了幾百萬。

總而言之，年輕人雖然比較有受傷的本錢，但非必要的話，真的不要讓自己錯過增長自己與複利的黃金時間。

Q：我的公司有員工認股，請問推薦加入嗎？

A：原則上我們不鼓勵個股的投資，特別是自家公司更是危險，詳情可以先參考 P.77 安隆的例子。不管你有多熟悉公司、老闆有多推薦，我們也不建議把時間跟金錢都押在同一家公司上。但以下有幾點可以額外考量：

1. **價格優惠：**長期而言，市場平均報酬大約介於 5% 至 10%，若公司能提供超過 15% 的折扣價格，或許就可以考慮。

2. **買賣的限制：**既然買入的前提是因為優惠價，能賣出時就建議馬上賣出，賺取優惠價的報酬即可，不要去想後續的未來性。所以你需要特別關注相關買賣規定，如果能買到後立刻賣，那一定要認股；但如果需要持有數年或離職才能賣出，就需要審慎評估這是否可能害你之後血本無歸（包括工作本身）。

3. **對公司的認同感：**如果你真的對公司有強烈認同感，認為持有公司股票能讓你工作更有動力，請在可承擔風險的前提下酌量購買。建議別讓個股佔比超過總資產的 20%，大部分的資金還是以全市場的分散為主。

下單問題篇

Q：股票一直下跌該怎麼辦呢？我設定的定期定額要不要先停扣，等股票上漲後再繼續買？「定期不定額」比較好嗎？

A：完全不用！如果還處於資產累積期，那整個投資過程就是持續不斷地買進並拉長持有時間。就像如果菜價大跌，你會想等到價格穩定後再去買嗎？快珍惜這段時間的跳樓大拍賣吧！

假如十年後股票會漲到 200 元，而且你十年後才會動用到這筆資產，那你會比較希望現在買在 150 元，還是買在 80 元呢？

便宜的股票代表更低的持有成本，既然我們都認同長期投資的好處，就不要在短線上糾結。只要做好足夠的分散與配置，股價下跌時也堅持投入，未來你將會感謝自己這份堅持。

Q：選擇台灣上市、追蹤美國的 ETF，比方說元大 S&P 500（00646）這種標的好嗎？會不會比較方便，又能避開匯率風險呢？

A：以目前的金融環境來說，這類型標的幾乎沒有優勢。不論是台幣扣款還是美元扣款，都一樣要承受匯率風險。雖然這種 ETF 看似不用額外換美元，但當美元強勢時，它的績效會連同匯率加上去；反過來說，當台幣強勢時，報酬率也會扣除美元的匯損。此外，這類型標的有三大劣勢：①內扣管理費較高 ②追蹤誤差較大 ③標的本身不齊全。綜合來說，直接使用複委託或是海外券商來投資國外的股票，會是成本更低的選擇，門檻也不高，實在沒什麼理由買台灣上市的國外 ETF。

Q：美股的配息都要課稅 30%，這樣會不會有很大的虧損呢？

A：雖然股息部分會有一些損失，但美股本身的配息通常不高，影響不至於太大。跟台股比起來，內扣費用與分散風險的優勢遠比股息還更重要，稅務損失就別看得太重。此外，由於選擇英股標的只會課稅 15%，在稅務上較為有利，所以 VWRA 是不少人目前股票 ETF 的首選。

Q：聽說定期定額會有高檔鈍化的問題，我該注意什麼嗎？

A：假設你決定每個月定期定額 3,000 元，投入六個月後累積了 18,000 元，所以下個月的 3,000 元大概佔總資金的 14%。但隨著資產越長越大，後續每一筆新資金的分散效果就會下降。比方說當你累積到總資產 300 萬，每月投入 3,000 元就只佔 300 萬當中的 0.1%，後續資金看起來就會沒什麼分散效果。

但這樣的擔心其實完全沒道理。指數化投資的定期定額，本來就不是為了要讓每一筆資金都有一樣的分散效果，而是為了讓你每個月的收入最大程度地持續參與市場。

在長期持續投入的前提下，原本就會讓你慢慢買在一個平均的成本，但這沒有特別的優劣，就只是持續參與市場的結果而已。如果因此額外停利或轉換標的，等同於中斷自己的複利。也再次提醒，除非你的所得毫無增長，否則一定要記得隨著時間與能力的提升，逐步調高定期定額的金額。這不是為了解決什麼鈍化的問題，而是讓你的資金維持最大參與市場。

Q：定期定額該設定哪一天扣款會比較好呢？

A： 我們回測了美國 S&P 500 指數從 1928 年至 2022 年，每年定期定額買在最高點與最低點的差距。把時間拉長來看，就算你神奇地連續九十幾年都買到最划算的價格，最後的年化報酬差距也不到 1%。原因在於：一個持續向上成長的市場，即使中間會有震盪，終究還是會往上成長。更何況，也不可能有人每年都買在最划算的價格。比起去猜測哪一天扣款，堅持扣款並參與市場成長才是重點，只要隨便選一天方便你存錢的日期扣款就行了。

Q：我一個月存不到 3,000 元，這樣會不會太少？買零股也可以嗎？

A： 只要你現在開始投入，1 塊錢也不嫌少。你只需要確認：這是否已經是你的能力上限？只要把握「儘早讓閒錢最大程度參與市場」的原則，就算一開始金額不高、只能買零股也完全沒關係，你已經遠勝還沒開始的人。遵循本書教給你的原則，遲早能累積破百萬的資產。

不過也再次提醒，職涯初期要記得留一些錢來投資自己，長遠來看效益可能比投資更高。你沒必要為了股票而辛苦度日，過度犧牲生活品質以及投資自己的機會。

⫸━ 財務計畫 InBody ━⫷

計畫說明： 只要簡單寫下執行的細節，並利用一些心理學技巧，就能帶來更強大的約束力、確保計畫順利執行下去。快拿起筆一起完成你的專屬 InBody 吧！

釐清開始計畫的動機

尚未達到以下目標之前，我都會堅持貫徹正確的投資理財觀念。可以適時享樂或休息，但長遠來看，我願意朝著這些目標前進：

1. _____

_____

2. _____

_____

3. _____

_____

4. _____

_____

5. _____

_____

戰備檢查

☐ 我已經準備好緊急預備金（參考 P.24 的緊急預備金介紹）：

　　　　　　元，並理解若非危急時刻，不該隨意動用這筆錢。

☐ 我已經做好足夠的保險規劃（參考 P.27 的保險介紹），並清楚知道保險不是賺錢的工具，而是當你遇到極端風險狀況時，讓財務狀況不至於受到劇烈影響的救生圈。

☐ 我已經把這本書完整看過一遍，理解投資的風險，也認同指數化投資是適合我的投資策略，並決定開始執行。

請依照 5-3《第一次買股票就上手》的篩選原則，思考出屬於你的配置，記得把握「低成本」而且「多元分散」的原則，先寫下你的配置理由，再把實際標的與比例填入下一頁的表格：

配置的理由

配置標的與比例	
風險資產（標的名稱與追蹤的區域）	**配置比例**（%）
保守資產（標的名稱與追蹤的區域）	**配置比例**（%）

投入方式

我會固定在＿＿＿＿＿＿＿＿＿＿＿＿＿＿＿＿＿＿＿＿（例：每個月發薪水、每年元旦）的時候，把錢按照比例投入市場當中，絕對不會因為看到股價特別貴或下跌特別多，而中斷了投入的計畫。我清楚知道：唯有持續參與市場、不錯過任何一個大漲的報酬，獲得完整的複利效果，才會贏過大部分的投資人與專家。

再平衡的計畫

請參考 4-4〈再平衡：維護你的資產配置〉，勾選出再平衡方式：

☐ 投入新資金時順便執行　　☐ 固定週期（頻率：每_____ ）

☐ 偏離比例（比例：_____%）　　　其他：_____

簡略寫下你的再平衡細節，確保自己會持續執行：

改變計畫的檢查清單

我 _____ （姓名）承諾，不會因為以下幾點隨意改變計畫：

☐ 親友推薦一個報酬更高又無風險的投資方法

☐ 預測投資組合會繼續下跌，所以暫停投入

☐ 看到某股票最近漲很多、很熱門，你想跟風賺錢。

可以改變計畫的 5 種狀況

1. 過去因為了解不夠透徹，買到不符合原先期待的商品

建議：接下來記得把該了解的認識清楚，首次配置會有小失誤是正常的，努力控制這些人為的失誤，是你該努力的重點。

2. 出現了更低成本或是更為分散的商品

建議：這時候你要評估優勢的差距，是否值得你付出轉換商品的成本，如果優勢差距不明顯，那你也可以選擇利用「新資金」投入更有優勢的商品即可，過去舊有的配置就保留。

3. 發現原先配置組合超出自己的風險承受度

建議：當你認為目前的風險資產比例過高，可以先選擇多看點歷史資料增加自己信心。如果真的還是無法接受的話，那確實就需要把風險資產的比例降低了。但有個重點是，當你調降風險資產的比例之後，後續也需要維持降低風險的比例，千萬不要股票下跌的時候，你擔心風險所以都換債券；股票上漲的時候，你又忍不住換成股票。這不是在調整風險，而是在擇時進出。

4. 發現自己承受波動能力比想像中更強

建議：剛開始投資的讀者，應該採取稍微保守一點的配置，但當

你執行幾年，也經歷了幾次下跌與恐慌，如果你不太會被波動影響心情，就可以考慮拉高風險資產的比例。不過要記得，這樣的前提是，你真的覺得自己有辦法承受更高的風險，絕對不是因為嫌現在太慢，為了想賺更多錢，就逕行調高風險。

5. 生活出現變異或是財務目標需要調整

建議： 若你生活出現什麼意料之外的事，導致原先的配置計畫無法順利進行下去，這可能就需要暫停一下，等生活重新步上正軌之後再開始。另外，當你的財務目標改變或是已經即將達成時，那你也可以增加保守資產的比例，以減少最終的不確定性，確保目標能夠達成。

問責夥伴

找一個與你親密而且重視的人簽名，若未來要調整計畫，必須經由＿＿＿＿＿＿＿＿＿＿（姓名）的同意：

本次我會更動計畫，不是因為行情而做的判斷，也沒有輕易相信旁人推薦的詭異投資，而是根據以上五種狀況之中的第＿＿＿＿＿＿＿種，請 ＿＿＿＿＿＿＿＿＿＿（姓名）進行確認與同意。

延伸閱讀

 理財館長　推薦書單

　　如果問，是什麼東西改變了我的人生？我的答案是：「閱讀」。我始終認為，閱讀是筆超級划算的投資，一本書 300 元左右，卻可能涵蓋作者一輩子的體悟，權衡下來，看書的投資報酬率超高。以下是我精挑細選的好書，你可以選擇自己有興趣的主題延伸學習：

投資理財類

1.《從 0 開始打造財務自由的致富系統》（拉米特‧塞提）

　　這本把基礎的理財概念講得又清楚又全面，比起隨時更新省錢資訊，倒不如透過這本書好好建立一個好的理財系統。

2.《賺錢，更賺自由的 FIRE 理財族》（史考特‧瑞肯斯）

　　關於 FIRE 我讀的第一本書。它一掃了我原先對於「財務自由」的誤解，如果你還想看更多 FIRE 心態的轉換與執行，建議可以來讀這本書，就會更了解「退休」的意義。

3.《致富心態》（摩根‧豪瑟）

　　這本書文字很好懂，也沒什麼複雜的論述或名詞，不過稍微有點經驗後再讀，會更有共鳴。推薦你可以把書買來，不同時期都翻閱一下，裡頭包含非常多重要的財務思維。

4.《資產配置投資策略》 (理查・菲利)

比起另一本談資產配置的《智慧型資產配置》，這本比較沒有複雜的數學運算，多半是著墨在「資產特性」以及「設定配置計畫」的方法，如果想對各類資產有進一步的認識，但又不希望聚焦在數學公式，建議先從這本開始。

5.《投資進化論》 (傑森・茲威格)

從各種角度證明「人類的大腦不適合投資操作」。而這恰巧也是投資人報酬多半落後給資產本身的主要原因，不過本書專有名詞跟內容都比較多，並不是那麼淺顯易懂。

人生成長類

6.《原子習慣》 (詹姆斯・克利爾)

想要養成新的習慣、戒除壞習慣，這是一本超級重要的書，每天微小的改變，長期下來將為你贏得大幅的成長，這概念與我們投資的複利效果非常契合。

7.《刻意練習》 (安德斯・艾瑞克森、羅伯特・普爾)

接觸新領域時，比起「跨出舒適圈」，你更該有意識地讓自己能夠「建立更大的舒適圈」，透過本書教的方法與原則，可以讓你逐步貼近目標。

8.《大人學選擇》（張國洋、姚詩豪）

知名 Podcast 節目「大人的 small talk」的兩位主持人所著，涵蓋各種「做選擇」的重點，教你找到勝率高、彈性大且更具未來性的策略，而恰巧我們的指數化投資正是符合條件的極佳選擇。

9.《習慣致富》（湯姆‧柯利、麥可‧雅德尼）

本書將會解析各種有錢人們的行為，並教你如何建立致富習慣。

10.《零盲點思維》（茱莉亞‧蓋勒芙）

與人交流的過程，難免會過度堅持己見，但這會阻礙彼此對事實的追求。我能夠與大家順利討論並達成共識，這本書幫助非常大。

學習投資可以有終點，但人生的學習可不能中斷。透過閱讀，會發現自己的思維廣度越來越大，生活也將慢慢出現改變。期待你能開啟自己的學習之旅，而我們會盡可能地與你相伴。

館長小叮嚀：

如果你對「資產配置」或「投資組合」的領域有興趣，請進一步參考狂徒的書單。不過我得提醒，狂徒所提的「入門」是以他個人學習的經驗來定義，我建議有數學底子或投資背景的人再嘗試。若我們的《通膨時代，我選擇穩定致富》已經讓你覺得有點辛苦了，其他本書勢必會更困難。當然，如果你想直接複製狂徒的學習歷程，也歡迎嘗試。

狂徒 推薦書單

　　讀者看完《通膨時代，我選擇穩定致富》，或許對於資產配置和投資組合會有興趣。如果你想**追隨證據**，進一步了解市場的不理性和前人的嘗試，也想要知道什麼是「行為金融」、「交易成本」、「因子投資」和「投資組合管理」，我主觀推薦幾本面向一般人的科普書，以及特別寫給投資人的專業書。如果可以的話，請按照順序翻閱，應該會比較有效率。

1. 《漫步華爾街》（墨基爾）

　　這本經典書分量充足，也隨著時代進步而不斷更新，非常適合當作初學者讀物。

2. 《智慧型資產配置》（威廉・伯恩斯坦）

　　很適合剛入門資產配置的讀者，也是讓我了解資產配置的「啟蒙書」，我非常推薦。順帶一提，作者算是指數圈名人，總是親切又幽默，我和他的交流很愉快。

3. 《股價、棉花與尼羅河密碼》（本華・曼德博、理查・哈德森）

　　作者是碎形幾何學之父，也是金融界狂徒，提出當時看似標新立異的非主流看法，領先整個時代數十年。它適合成為讀者質疑市場有效性和傳統金融假設的第一本書。

4. 《華爾街的物理學》（魏瑟羅）

作者用淺白的語言描述金融理論的演進，也提供讀者繼續探索的橋樑。我認為此書最厲害的地方在於「輕舟已過萬重山」，讓各位能輕鬆吸收知識。

5. 《阿爾法經濟學》 (Charles M. C. Lee, Eric So)

這本書是一個絕佳中繼站，描述近代學界和業界的各種主張和紛爭，而且脈絡清晰、敘述嚴謹，我認為讀者看完能增加自身功力。

6. 《Asset Management》 (Andrew Ang)

這本書從資產管理的角度切入，並探討效率前緣、時序分析和多因子模型等概念，需要一些投資學的基礎，但是整體算非常淺顯，容易讓人不知不覺看完。

7. 《投資學》 (Zvi Bodie, Alex Kane, Alan J. Marcus)

這是一本知名的書，架構嚴謹而難度適中，我強烈建議各位找英文版。你不必把固定收益和衍生品看完，光是投資組合章節就能讓你對資產配置的理解上一個大台階。

8. 《因子投资：方法与实践》 (石川、刘洋溢、连祥斌)

這本書主要寫給因子投資者，不過一般人也可以翻閱。有別於理論空談，作者直接切入實際操作方法，數學推導嚴謹、實事求是且時常保持**批判和質疑**的精神，是我少數推崇的因子投資人。

9. 《肥尾效應》 (Nassim Nicholas Taleb)

又是另一個業界狂徒 Taleb 寫的書，從實證和數學角度出發，批評現代金融理論的荒謬。作者是暢銷書作家也是大學教授，還是資

深交易員，講話一針見血，尤其對於尾部風險控制模型的改良，對世人有深遠影響。

10. 《Advanced Portfolio Management》 (Giuseppe A. Paleologo)

別被書名嚇到，這是一本提到組合表現、風險、損失和多因子的書，數學公式很少，充足的圖解和案例表格降低內容難度，而問答部分也能讓你感到作者的親切。

11. 《Quantitative Equity Portfolio Management》

(Edward E. Qian, Ronald H. Hua, Eric H. Sorensen)

這是一本內容扎實的書，算是量化投資組合的經典。書中的理論環繞多因子和 Alpha，也提到對於建構投資組合會遇到的實務限制。即使只看完一個章節，也對於投資人的資產配置有巨大幫助。

12. 《Asset pricing and portfolio choice theory》 (Kerry E. Back)

這本書的數學和理論較多，是資產定價的名書。書內提到投資人基於**心理偏好**的選擇標準，而除了資本資產定價模型家族外，作者也寫入了多期動態模型和選擇權定價。我認為作者功力深厚，能把看似簡單的模型，解釋得更深入。

13. 《Empirical Asset Pricing Models and Methods》 (Wayne Ferson)

這本偏向實證的資產定價，講到一些較新的方法，也包括隨機貼現因子、迴歸和廣義矩（GMM，**因子投資人必備**）等，對於理論的瀏覽算是全面，而且我認為作者在定性結論的描述，也讓讀者能輕易地深入研究和思考。

理財館長 後記

　　第一次看到狂徒的文章，是他在 Dcard 理財板上跟大家爭論「投資」與「理財」的定義，當時我心想：又來一個不知所云的作者——連這種東西也要一直討論，看來是沒有更「專業」的東西可以分享。後來又常看到他到處找人嗆來嗆去的，自認成熟理性的我，覺得他的行為實在不成熟。

　　自此之後，我沒有特別關注討論板，也很久沒去注意狂徒的發文，我以為這種作者，沒有流量的話，不久後就會淡出討論圈吧！幾個月後，無意間又看到他的文章，我發現狂徒不只沒有中斷創作，而且還寫了不少專業性質較高的文章（至少內容是超出我的理解程度），更驚人的是，他公開表示自己也是認同並執行指數化投資。

　　幾週後，就收到了狂徒合著的邀約，剛好我當時正有找尋出版社的意願，經過多方評估後，也就答應了。其實初期我對兩人的合作並不樂觀，總覺得他「愛惹事」的風格，會讓我長期在讀者們心中累積的信任感被扣分，但後來想說如果合作中途不順利，也隨時可以中斷，大不了把各自的文章集結起來之後發表罷了。失敗的損失沒有太大，成功的話卻可能帶來意想不到的結果，這種下檔風險有限，上檔充滿無限獲利可能的決策，正是人生中該放手一搏的嘗試。

　　經過超過一年的討論、磨合與熟識，雙方確實是有極大的差異，我喜歡解釋、他喜歡數字，我追求合乎常理、他追求標新立異，我希望能影響我的讀者、他希望他的讀者不要被他影響，我擔心破壞指數投資圈的和諧、他擔心不能破壞指數投資圈的和諧⋯⋯除此之外，還有數以千計的理由可以呈現我們的不同。

　　這不就是合作的意義嗎？完全相同的人又何必一起完成作品？至少雙方都願意理性的討論，透過一通平均討論兩小時的電話，彼此不斷地攻防、論證、接納，讓內容得以獲得雙方的認同。

　　我得承認，在資產配置、投資理論與數據回測相關的領域中，狂徒毋庸置疑的比我優秀許多。但談到解釋觀念、社群推廣或是新手們會需要的資訊，就是我更擅長的面向。

　　我們有各自擅長的主題，也有個人不同的堅持，但同樣抱著謙虛的學習心態，跟對方討論。當兩人願意一起合力完成作品時，這本書將會達到各自都無法企及的高度。

　　現在我可以自信地說：如果你想完整了解指數化投資，《通膨時代，我選擇穩定致富》會是你最重要的起點。

狂徒 後記

　　練過槍的人會知道，扣下扳機從來不是一瞬間，而是一個連續過程。你越急著開火，越容易射歪；你越常快速打空彈匣，槍法進步就越慢。在金融市場上，這個後果更嚴重，因為你在靶場頂多損失幾盒子彈錢，可是在市場上很有可能虧掉身家。你說，投資急得來嗎？

　　投資人應該追求投資效率，而不是出手頻率。身為「野蠻生長」的散戶，我沒有任何金融學術或職業背景，所以只能靠網路文章和書籍自學。從論壇到頂尖期刊，從紙筆到程式，我清楚知道**投資應該靠科學而不是信仰**。綜觀古今，人類知識的突破，哪一次是眾人的「共識」？一直以來，**讓我成長的並不是信仰，而是觀念衝突和科學分析**。事實上，嚴謹、輕狂、不信邪、批判性思考、樂於挑翻權威的態度，不但沒殺死我，反而讓我越戰越強。

　　當初我發現理財館長，判斷他也是眾多斂財老師的一員，想藉由「指數投資」的流行風潮賣課程。本來井水不犯河水，結果有次我寫文章時，他卻先找上門來留言反對，這讓我產生「狩獵欲望」。畢竟，我喜歡玩會動的獵物，我也好奇他的實力如何。

有一次，館長宣稱他很喜歡某作者的文章，結果卻忽略該作者特別強調不要混淆的細節。我看到後直接糾正，而且還「故意」引用原作者的話作為證據。我喜歡「吵架」，而如果你看過「吵架金字塔」，會知道最高的兩個層級就是反駁論點和反駁原文，我四兩撥千斤就能讓他「原形畢露」，而事情也往有趣的方向發展。館長的追蹤者數量很多，但是他馬上問我資料來源，在我丟出證據後，他也**承認錯誤**，沒有第二句掙扎或不甘的反擊。這種敢於認錯的態度和性格，很合我的胃口，**也贏得我的敬重**。

又過了一段時間，我正在吃早餐，剛好想到寫一本指數投資的書，馬上聯繫他。雖然這又是典型的狂徒玩票計畫，不過你仔細想想看，我們的特性剛好可以互補。我講求證據、理論和執行的效果。知道哪些路走起來比較麻煩，哪些投資理念的成功率較高。館長有龐大的群眾支持基礎和人際關係網路，知道讀者喜歡聽什麼、新手缺什麼、怎麼講比較能讓聽眾吸收，而且也能夠分享業界的經驗和笑話。

我們常常為了一個很小的細節多次討論。例如，我為了學術縝密性不願寫出某句話，他卻一再強調這早已是指數圈內的共識。所以，我找了十餘篇論文，清楚告訴他學界尚未有定論，反倒是坊間作者長期道聽塗說，因此館長和編輯也同意撤銷，讓最終的嚴謹性

得到保障。除了投資本身之外，我們的作風也有不小差距。我習慣直接找出資訊和知識源頭，他卻傾向先找台灣圈內熟人討論；我常跨領域、多面向寫出一段內容，他卻習慣先評估主流是否能接受；我喜歡針對坊間作者的操守開槍，他卻覺得這樣有礙和諧；我鼓勵讀者透過「質疑」維持思想競爭力，他卻認為帶點「信仰」反而有助於堅持計畫……不過這些最終都成為讓書本更具廣度和深度的養分。

另外，本書稿能完成，也離不開編輯好安的幫助和努力。要是沒有她，書的內容應該會遜色許多。安安和我都非常注重**文獻引用**。她擔心商業出版的可能抄襲問題，我則是基於學術習慣和個人基本道德，嚴格要求所有文獻需要附上來源。偏偏遠流又不是教科書出版社，沒有加入版權清算體系，所以我們作業量大增。不過，由於我親自和一些文獻作者交流、確認、討論和修正，所以能在談笑間得到寶貴的資訊，也讓本書變得更加充實。更有趣的是，由於背景因素，我們融合了日文、英文和中文用法，導致修編過程異常繁瑣，而這也讓補充資料夾中充滿各領域論文和教科書。

話說回來，一個正邪兼備的科學家在**毀滅中歷練**，卻找上另一個堅定、善良又充滿熱忱的教學者。你說，兩個作者合作能成功嗎？當然可以。我和館長的歧見主要在於呈現方式和語氣，對投資知識

層面倒是有共識。我們都不怕講真話而得罪金融界，也不擔心寫書會無法賺錢——更重要的是，我們有相同的目標。我破除迷信，他建立規矩，兩人都是在傳播知識。我們希望傳遞正確的知識和高效的投資方式，包括理念、反思和實務執行步驟。如此一來，質疑、信仰和專業得以結合。合作不一定要 100% 同意彼此，但經過不斷的討論和磨合後，1+1+1 大於 3。

　　金融業的館長和出版業的好安，職涯多少都會受《通膨時代，我選擇穩定致富》影響。因此，他們的信任、勇氣和投入，也是本書合作不可或缺的要素。對我而言，能在「休閒娛樂活動」中找到靈感，在傳播過程中順便紓壓，也學習到跨領域的知識，本身就已經是成功的投資。如果這本書能進一步幫助到你，那麼「勝利」的人就更多了。

銘謝

- 感謝諾貝爾經濟學獎得主、芝加哥大學布斯商學院 Eugene Fama（尤金・法馬）教授，也感謝達特茅斯大學塔克工商管理學院 Kenneth French（肯尼斯・弗倫奇）教授，你們的即時回答讓本書的內容推進一直維持在最高效率，也讓我們對文獻有更多的信心。

- 感謝資產配置知名推廣者 William Bernstein（威廉・伯恩斯坦）先生願意和我們坦率反覆交流，同時維持書中的幽默。Bill, 我們也很榮幸參與你的「紀錄」。

- 感謝 McGraw Hill 出版社財經編輯部門熱心協助，讓我們對於專業內容的疑慮迅速消失。

- 感謝 AQR 資本管理公司研究部門慷慨的幫忙，你們的熱心修正和建議對本書而言非常重要，我們也如實呈現。

- 感謝 J.P. Morgan（摩根大通）資產管理部門的協助和正視，讓交流充滿效率。

- 感謝 SIFMA（美國證券業暨金融市場協會）即時且熱心的資料幫助和回應，一起讓更多人能接收資訊。

- 感謝 VettaFi 財務顧問公司願意提供關於常見計算錯誤的佐證，對台灣指數投資圈的撥亂反正有極大幫助。

- 感謝 Direxion 基金公司、元大投信、富邦投信、TD Ameritrade（德美利）交易商和 Firstrade（第一證券）公司客服部門對於法規、制度和實務交易層面的清楚解答。

- 感謝 Credit Suisse（瑞士信貸集團）的研究部門和相關人員，包括劍橋大學嘉治商學院的捐贈基金資產管理中心首席 Elroy Dimson（艾洛伊‧迪姆森），還有和他同為倫敦商學院教授的 Paul Marsh（保羅‧馬序），以及同在財經會計部門的 Mike Staunton（邁克‧史當頓），你們的幫忙讓《通膨時代，我選擇穩定致富》更加完美。是的，本書第一時間已經在送往倫敦的路途中了。

　　我們感謝 Ffaarr、YP、PG、清流君、魯爸、竹軒、小販和李柏鋒願意提供資產配置的案例，讓本書內容更加豐富。

　　感謝 Ffaarr 撰寫本書推薦序，並針對書的細節與內容給出重要的建議，彌補了作者們的不足之處。也感謝 Freddy、Jet Lee 的投資隨筆、PG 蔡至誠、YP 陳逸朴、小販、瓜球的理財淇點、竹軒的理財筆記、李柏鋒、投資沙岸的揀貝人、貝殼小姐、林大仁、雨果、財女 Jenny、清流君、資工心理人的理財探吉筆記、楊斯棓醫師、愛瑞克、魯爸、整理鍊金術師小印願意掛名推薦。

　　最後，感謝遠流出版社的出版邀約，讓台灣人得以有一本指數投資入門指南。

　　感謝美編姵伶，把我們想呈現的效果和內容完整呈現。感謝設計家瑤，迅速想出符合我們、出版社和通路都滿意的樣式。感謝專業的資深編輯好安，以一己之力將狂派投資與館長風格融合，提供脈絡和呈現方式的建議，也處理通路事宜。

　　我，理財館長，衷心感謝出現在生活中的每一個人，不論是家人、朋友、投資前輩、出版社還是我的另一位作者 - 狂徒。大家給了本書修改的建議，也提供了我各種創作的靈感。當然，還有一路支持者我的讀者。是因為你們，我才有動力持續創作，也因為你們，才讓我想為台灣投資圈做點不一樣的改變。

　　生命中的每一個遇見，對我來說都有重大的意義。恕我就不一一點名致意，但這本書是因為大家，才會有如今的成果。

　　我，狂徒，要特別感謝：

　　感謝 Reddit, Vocus（方格子）, Matters, Dcard 的讀者，以及 Facebook, Discord 和 Instagram 的追蹤者，你們的提問和建議讓我受益良多。

　　感謝人工智能 ChatGPT，提供許多有趣的靈感，也讓我的傳播和說明更順暢。

　　感謝 RrR 🇹🇼 的無償技術支援，加快了本書的進度。

　　感謝遠流出版社的出版邀約，讓本書從我心血來潮的想法蛻變成實際的計畫成果。

　　感謝理財館長的帶種和對我的信任，參與好戰狂徒充滿變數的玩票計畫，也願意以自身經驗彌補書中的不足，我們合作愉快。

　　感謝間接幫助過我的每一個人，提出質疑、修正和知識層面的建議，讓我能寫出這些內容。

　　我也要感謝自己，又完成了一件有趣的事情，確實再下一城。

通膨時代，我選擇穩定致富
輕鬆跑贏通膨、躺著也賺的指數化投資，讓你的錢錢不縮水！

作者	理財館長（陳震奇）、狂徒
執行編輯	顏妤安
行銷企劃	劉妍伶
封面設計	周家瑤
版面構成	賴姵伶
發行人	王榮文
出版發行	遠流出版事業股份有限公司
地址	臺北市中山北路一段 11 號 13 樓
客服電話	02-2571-0297
傳真	02-2571-0197
郵撥	0189456-1
著作權顧問	蕭雄淋律師

2023 年 1 月 1 日　初版一刷

2023 年 5 月 25 日　初版四刷

定價新台幣 380 元

有著作權・侵害必究 Printed in Taiwan

ISBN　978-957-32-9933-2

遠流博識網 http://www.ylib.com E-mail: ylib@ylib.com

（如有缺頁或破損，請寄回更換）

國家圖書館出版品預行編目 (CIP) 資料

通膨時代，我選擇穩定致富：輕鬆跑贏通膨、躺著也賺的指數化投資，讓你的錢錢不縮水！ / 理財館長、狂徒著 . -- 初版 . -- 臺北市：遠流出版事業股份有限公司, 2023.1
面；　公分
ISBN 978-957-32-9933-2(平裝)
1.CST: 投資 2.CST: 個人理財
563　　　　　111021084